比叡山と天台のこころ

Sugitani Gijun
杉谷義純

春秋社

比叡山と天台のこころ

目次

はじめに　3

I

最澄がめざしたもの……11

夢のお告げ——その前半生　12
比叡山での修行——不退転のこころざし　14
内供奉十禅師に——比叡山の充実　18
入唐求法と桓武天皇　22
最澄と空海　25
真俗一貫の仏教　28
大乗戒壇の悲願　29
最澄のめざしたもの　33

「愚が中の極愚、狂が中の極狂」——最澄の願文を読む……35

苦と無常の世界の中で　36
光陰を空しく過ごすことなかれ　42
愚かな私の自覚　48
不退の願心をおこす　54
浄仏国土と衆生成就の誓い　58
願文を生きる　63

Ⅱ

円仁の夢——天台仏教の大成者……69

最澄と出会う——その前半生　70
円仁に託されたもの　75
円仁の入唐　81
苦難の求法の旅　86
天台密教の確立　92
天台——総合の仏教　97

良源とその信仰——比叡山中興の祖 …… 101

良源が登場した頃 101
良源と「応和の宗論」——教学の隆盛 104
良源の「草木成仏」 109
比叡山三千坊——堂塔伽藍の復興 113
角大師と摩滅大師 115
いまに生きる元三大師 119

源信と往生要集——天台浄土教の完成者 …… 123

源信と地獄のイメージ 123
母の訓戒 126
末法の世と浄土教 131
往生要集の眼目 135
「念仏」とはなにか 141
臨終の念仏と「二十五三昧会」 146

源氏物語の「横川の僧都」 149

天海の面目――江戸時代を作った天台仏教者 153

江戸という時代 153
随風から天海へ 156
天海と家康 158
山王一実神道とは 163
長寿の秘訣――天海のエピソード 167

Ⅲ

一隅を照らすこころ 175

「一隅を照らす」とは 175
「己を忘れる」 180
共生と奉仕と生命と 185
四摂法のいのち 189

誓願のこころ　194
世界平和の願い――比叡山宗教サミットのことなど……199
宗教と国際紛争と戦争と　200
平和のために宗教ができること　203
「平和の祈り」――比叡山宗教サミットが開かれるまで　205
天台宗の平和活動の基本理念　210
宗教対話と世界平和へのこころざし　214
天台をいまに生きる……219
祈りに生きた山田恵諦座主　219
「祈り」ということ　220
啐啄同時――山田座主とヨハネス・パウロ二世教皇との出会い　223
東洋の聖者――世界平和に賭ける　227
遷化――聖徳太子と慈恵大師のもとに　232
葉上照澄阿闍梨のこと――回峰行と世界平和のいしずえ　235

千日回峰行者、葉上阿闍梨　236
「世界平和」への気迫　241
常不軽菩薩　248

瀬戸内寂聴さんと私　251

その出家　252
修行道場に入る　254
天台寺へ　258
文化勲章受章の日に　260

おわりに　263
主要参考文献　266

比叡山と天台のこころ

はじめに

大方の日本人は「私はクリスチャンです」などと言われると、なんとなく「あっ、そうですか」と納得してしまいます。ところが「私は仏教徒です」と言われると、なんだかピンときません。そして「何宗ですか」と聞く人が多いのです。

そこで、天台宗とか浄土真宗ですなどと答えると、最澄や親鸞などの宗祖の名をあげて、やっと分かったような顔をします。日本の仏教が宗派仏教とか祖師仏教といわれるゆえんです。

一方では、宗派仏教だけしか見ないせいか、釈尊はじめ、仏教全体に対する視野が著しく欠けている場合が少なくありません。他方、宗派仏教にあきたらない人は、インド仏教などに知識を求め、日本仏教は正しい仏教ではないなどと批判する人もいます。

そもそも、仏教は釈尊以来、二千五百年の悠久の歴史の中で、インド、中国、アジアの各地に伝播してきましたが、それらの国々には、すでに多種多様な民族、言語、文化があったことを知らねばなりません。

したがって、仏教がそれぞれの文化圏に受容されていくということは、必ずその地域の文化、伝統、慣習の影響を受けざるをえないのです。第一に、仏教がその地域の言葉で語られているのですから、当然のことでありましょう。とくに仏教は寛容な宗教といわれ、土着の文化を排除するよりも、むしろそれを吸収していくかたちで、広がっていきました。とくにインドでのヒンドゥー教、中国の道教や儒教の影響は少なくなく、また日本に伝わると、神道の影響なども受けました。

そんなわけで、仏教の全体像を把むとなると、容易なことではないのです。しかしながら、天台仏教に触れることは、その足がかりとなるでしょう。中国天台はインドから中国へ伝えられた仏教を集大成する形で成立し、さらに日本天台では、中国天台成立以降の密教などを吸収して、さらに総合的な仏教として展開していくからです。そこで本書では、日本の天台仏教に焦点をあてて、「比叡山と天台のこころ」を描くことにつとめました。

さて、天台宗の名は、中国が隋に統一される直前の、南北朝の動乱の時代に誕生した天台大師智顗《ちぎ》（五三八～五九七）に由来しています。天台大師の生誕の年は、日本では仏教が公伝した年といわれ、その晩年は聖徳太子が活躍した時代に重なります。

天台大師は、現在の中国の浙江省東部、杭州市の近くにある天台山で修行したところから、そう呼ばれています。天台山は八百メートルぐらいの山で、昔から霊場として有名でした。五七三年、天台大師はこの山に入り、根本道場と定めて、研鑽修行しました。その結果、『法華経』の真髄を体得することにより、その悟りに基づく天台教学という仏教哲学を構築したのでした。

この思想内容を天台大師は、理論と実践に分けて講説し、それらは「法華三大部」と呼ばれています。すなわち『法華経』の正式な経題である「妙法蓮華経」の五文字に関する解釈『法《ほっ》華《け》玄義《げんぎ》』一〇巻、『法華経』の全文の解説『法華文句《ほっけもんぐ》』一〇巻、それに実践方法を説く『摩訶《まか》止観《しかん》』一〇巻の、計三〇巻です。これらの典籍はやがて鑑真（六八八～七六三）によって日本に伝えられ、やがて伝教大師の眼に止まることになるのです。

中国へは紀元一世紀頃から次々とインドより仏教経典がもたらされ、国家的事業として翻訳されていきました。そして天台大師の頃になると、その量は膨大なものになりました。さらに翻訳された順序が、必ずしも経典が成立した時代順ではなく、また伝承の地域、系統も不統一でした。ですから、経典の内容を吟味していくと、相互に矛盾するものがあったり、どの経典が中心思想になるのか、などが問題となりました。

そこで天台大師は、それらの経典の内容を一つひとつ検討して精査した結果、『法華経』こそ、釈尊が究極に説き明かしたかった、根本の経典であるとの確信に至りました。そこで『法華経』を中心に置いてみると、その他の経典は、『法華経』の最高の教えに人々を導くための、いわゆる方便の教えであることが分かったのです。

このように、すべてのお経に説かれている内容を吟味検討し、一つの哲学体系としてそれぞれの経典を位置づけることを、「教相判釈《きょうそうはんじゃく》」といいます。その結果、天台大師は、『法華経』を中心とした天台教学の体系を築きあげたのでした。

それゆえ、天台宗では『法華経』を根本経典としています。しかしそれは、けっして他の教典を軽視するものではありません。

食事を例にとれば、乳幼児には乳幼児の食事が、病人にはそれぞれの病気に相応しい病人食があります。それらの食事には、それを食べる人を健康に導くのに必要な栄養が入っています。逆にいくら栄養価が高くても、乳幼児に大人の食事を食べさせたら大変です。

それと同じように仏の教えも、それを受ける側の機根のレベルに応じて説かれていることを見極め、天台大師は五段階に経典を分類しました。これを「天台五時教判」といいます。

このように天台大師は中国仏教を集大成したところから、中国の小釈迦と呼ばれるに至りました。そしてその教えは法華円教と呼ばれ、円のように欠けたところのない完全な教えであるとされました。この天台教学は日本に伝えられると、伝教大師によって、天台大師以後に中国に伝えられた密教が加えられ、さらに禅法、戒法などが総合されて、日本天台思想、すなわちすべての人が仏となれる一乗仏教として発展していきます。

しかし総合仏教である天台思想に入門するには、その窓口がいささか広く、歴史から入ったら良いのか、教理から入ったら良いのか迷うところです。

そこで本書では、祖師仏教として親しまれている日本仏教の現況を考慮し、宗祖伝教大師をはじめ、日本天台思想の形成と発展に重要な役割を果たした高僧たちを取り上げ、その生涯を追うことを通じて天台仏教を浮き上がらせることにしました。

また伝教大師の言葉の中に、「依心より依所」という言葉があります。修行者の心のありさまも大切ですが、清浄な比叡山という場所こそ、人々を育むという意味です。ここに登場する人々は、比叡山に育てられ、天台の教えを宣揚した、まさに比叡山のこころを伝えた人々といえます。

さらに伝教大師の『願文』は、比叡山のこころそのものを知る一番の近道です。それとあわせて、現代において天台仏教を実践する人々を紹介し、すこしでも天台の教えが身近に感じられるように試みました。それだけでなく天台仏教と社会とのかかわりを知ってもらうために「一隅を照らす運動」や「比叡山宗教サミット」を紹介しました。

教学面から見れば、智証大師円珍や安然和尚などにも触れるべきでしたが、あまりに煩瑣になることをおそれ、それはまたの機会に譲りたいと思います。

本書を通じて、ともすると難解で近づきがたい印象のある天台仏教に、すこしでも親しみをもっていただければ幸いです。

I

最澄がめざしたもの

世の中に　山てふ山はおほかれど　山とは比叡の　御《み》山をぞいふ

この歌は鎌倉時代に活躍し、歌人でもあり「愚管抄《ぐかんしょう》」という歴史書を著したことで有名な僧、慈円の作です。当時は「山」といえば比叡山のことを指し、そこは仏教文化の中心地でありました。この歌はその様子を詠んだものです。

その比叡山は伝教大師最澄《でんぎょうだいしさいちょう》によって開かれましたが、やがて仏教の母山《ぼざん》といわれるようになりました。それは、比叡山からは鎌倉仏教の各宗の祖師方が出られたからです。ですから哲学者の梅原猛氏は、すべての近代ヨーロッパ哲学はみなカントにまとまってそこから出てゆく、そのように、日本の仏教は全部、最澄に入ってそこから出ている、という評価をしています。

夢のお告げ――その前半生

伝教大師が生まれたのは、比叡山麓の坂本です。この地で産湯をつかったという故事にならって、後に生誕の地に生源寺《しょうげんじ》という寺が建立されました。時はちょうど平安朝になる前の奈良時代末期。しばしば飢饉や政争が起こっていた不安定な時代でした。

伝教大師は近江の国、今の滋賀県の中級程度の豪族の子として生まれました。生年は昔から最澄の孫弟子仁忠《にんちゅう》が撰した『叡山大師伝』にもとづき神護景雲元年（七六七）と言われていますが、これには異説もあります。

『伝教大師伝』によりますと、両親は信心が篤く、子供がいなかったので、父親が比叡山の神に祈るべく七日間の予定で籠もっていたところ、四日目に夢のお告げがあり、家に帰ってみると、妻に子供を授かった兆候があった、といいます。その頃の比叡山は、大山咋神《おおやまくいのかみ》が鎮座する霊地としてもすでに知られていました。

さて、夢のお告げがあって、生まれた伝教大師の幼名は廣野《ひろの》といいました。やがて、得度《とくど》をしてつけられた僧侶名が「最澄」です。最も澄む――名は体を表すとよく言いますが、大師の人生は、純粋にまっすぐに突き進んだ一生だったといえるでしょう。

伝教大師は、小さい時から記憶力が抜群だったといいます。言葉が話せるようになると、自分の誕生に際し、みんながお祝いしてくれた時の料理は何と何だったと言って、それがそっくり当たっていたので周囲の人がびっくりしたということです。さらに、父親が自分の家で誦《よ》むお経を、どんどん覚えてしまったといいます。

ですから、たいへんに優秀な子どもだと評判になり、近くのお寺の和尚さんが僧侶に育てたいといってきました。ぜひに、とすすめたその崇福寺《すうふくじ》の和尚さんが、のちに近江の国分寺の住職になる行表《ぎょうひょう》です。行表は、奈良の大安寺すなわち法相《ほっそう》宗の系統に属すお坊さんです。その人との出会いが伝教大師の一生にとても大きな影響を与えました。

行表はいつも「心を一乗《いちじょう》に帰すべし」と教えました。一乗というのはひとつの大きな乗り物のことで、大勢の人を乗せて迷いの岸（此岸《しがん》）から悟りの岸（彼岸《ひがん》）へ渡す船にたとえたもので、大乗ともいいます。すなわち、すべての人が救われて仏となる教えを意味します。そして伝教大師は十四歳で得度をして、沙弥《しゃみ》になります。沙弥というのは、まだ正式な僧侶の一歩手前の立場です。

伝教大師は、行表のもとで初めて本格的に仏教の勉強をはじめます。まずは『法華経』と『金光明《こんこうみょう》経』と『仁王《にんのう》経』の護国の三部経、それに『威儀《いぎ》経』などです。『威儀経』は、「威儀を正す」という言葉がありますけれども、僧侶の守るべき規則とその意義を説いています。その『威儀経』に『威儀経疏《しょ》』という解説書があり、そこに天台仏教の教えが引用されていたのです。そして伝教大師は次第に天台仏教に傾斜していきます。

やがて二十歳になると、一人前の僧侶として認められるべく、受戒といって戒律を受けます。戒壇《かいだん》といわれる道場に入って、僧侶として守らなければならない規則（戒律）と、僧侶としての心構えについて厳しい教えを授かります。資格試験みたいなものですが、これを受けるには、相当な勉強をしてテストを受け、最終的にこの儀式を受けるというかたちになります。

比叡山での修行——不退転のこころざし

ところが、伝教大師が一所懸命に勉強して、いよいよ奈良の東大寺へ試験を受けに行くという時になって、奈良の都が長岡へ移されてしまうのです。この時期、政争や飢饉で奈良の都はさびれつつありました。伝教大師はせっかく奈良に来たけれども、ここは長く留まっているところではないと感じて、また国分寺へ戻ろうとします。しかし戻ってみると、当の国分寺は火災に遭って焼失してしまっている。そんな外的条件もあって、伝教大師は本格的な修行のために比叡山に籠もることになります。

その時、伝教大師は、自分はこういうつもりで山へ籠もって修行するのだ、という決意表明を文章に書いています。『願文《がんもん》』というこの文章はたいへんな名文です。出だしを少しご紹介します。

悠々《ゆうゆう》たる三界《さんがい》は、純《もっぱ》ら苦《く》にして安《やす》きこと無《な》く、擾々《じょうじょう》たる四生《ししょう》唯《た》だ患《うれ》いにして楽しからず。牟尼《むに》の日久《ひさ》しく隠《かく》れて、慈尊《じそん》の月未《つきいま》だ照らさず。三災《さんさい》の危《あやう》きに近づき、五濁《ごじょく》の深きに沈《しず》む。

……

『願文』のなかで伝教大師は、この世が変転極まりなく無常であることを述べています。それはいつも受け止めているつもりだけれども、この頃は、隆盛を誇った奈良の都が衰微してきている、政治も混乱している、飢饉もあるというわけで、普段よりもよけいに無常を肌で感じたのだと思うのです。

さらに、釈尊が亡くなられた後、代わってこの世の中を照らしてくださる弥勒《みろく》菩薩がお出ましになるのは、お経によれば五十六億七千万年後の未来のことであるので、その間の渾沌たる時代をどうしたらいいかと問題提起をします。一方、人間に生まれたということはたいへん得がたいことなのだ、と『願文』は続きます。

お経の文句を引用して、須弥山《しゅみせん》のような高い山から大海に針を投じてその針を探す、それくらい人間に生まれるというのは困難なことである。だからこそ、この命を大切にして励まなければいけない。そして、比叡山で修行し、六根相似《ろっこんそうじ》の位を得なければ、山を下りない、と。

六根とは眼、耳、鼻、舌、身、意（心）のことで、それが清浄になると、誘惑にかられず、悪いことを見たり聞いたりしても動揺しない。つまり六根相似とは、ほとんど仏さまのようになることです。そして何度もこの世に生まれ変わり、人々を救うために仏法をひろめたい。そういう誓いを『願文』に認《したた》めて、伝教大師は比叡山に籠もりました。

やがてこの『願文』が、奈良の高僧の間でも話題になり、比叡山に若い優秀な僧がいる、あれは将来頼もしいぞ、と評判になりました。

その『願文』のなかに「愚が中の極愚、狂《きょう》が中の極狂、塵禿《じんとく》の有情《うじょう》、底下《ていげ》の最澄」という文章があります。愚かなもののなかでも私はいちばん愚かである、狂っているもののなかでもいちばん狂っている、最低な私であるけれども、これから一所懸命に努力するという決意を語る文章です。

親鸞聖人もこの『願文』に大きく影響を受けて「愚禿親鸞《ぐとくしんらん》」といっています。伝教大師の心を受けているわけですが、これらは徹底した自己反省の発露です。

中国で天台宗の教学を創り、日本で高祖と仰がれている天台大師が、『摩訶止観《まかしかん》』という著書のなかで、学問だけができて実践ができない者を「愚」、そして実践はするけれど学問が伴っていない者を「狂」と述べています。僧侶になって指導的立場に立つには、学問と実践が車の両輪のように伴わなければいけないということです。

この『摩訶止観』は、鑑真和上《がんじんわじょう》が日本へ持って来たと噂には聞いていても、実際にどこにあるのか、当時の伝教大師にはわかりませんでした。しかしその内容をまとめた『小止観《しょうしかん》』という止観を実践する手引書があり、そのなかの文章が先に述べたように『威儀経疏』に引用され

伝教大師最澄画像（一乗寺蔵）

ていたので、伝教大師はそれを学んで『願文』を書いたのだと思います。

そうした天台大師の本からの引用を読むうちに、どうしても原典を読みたいという願いが生じます。いよいよ奈良で戒を受けるという何ヶ月か前、伝教大師は奈良の大安寺に寝起きして懸命に勉強をするのですが、この時期に各寺の経蔵をめぐって探しているうちに、やっと天台大師の書物に出会ったといわれています。その時、願いが叶ったうれしさに思わず涙したことが伝記に出てきます。そして伝教大師は、それらの書物を書写して比叡山に入ったのです。

さて、一般に伝教大師は、落ちぶれた奈良の都の様子を見たり、また今までいた近江の国分寺が焼けたので、世をはかなんで山に籠ったのだと思われていますが、そうではありません。求道心によるところなのです。というのは、『威儀経疏』に引用された『小止観』のなかに、閑居静処《けんごじょうしょ》といいまして、人里から三里以上離れた静かなところへ行って、修行しなさい、といった指南が出てくるからです。その指南に従って伝教大師は、比叡山に籠って天台仏教を極めるために修行を始めたのでした。

内供奉十禅師に――比叡山の充実

やがて伝教大師は、『願文』の素晴らしさや、修行振りが評判を呼び、奈良の高僧と並んで内供奉《ないぐぶ》十禅師の欠員補充に推薦されます。内供奉十禅師とは朝廷内にある道場で国家安穏と天皇の健康を祈る十人のエリート禅師のことです。そのため宮中の内道場へ比叡山からときどき下りて来るわけですが、そうしますと、六根相似の位にならないと山を下りないと言った『願文』にある誓いを破ったのか、ということになります。

しかし、そうではありません。本当に仏さまそのものになったわけではないけれども、伝教大師は、六根はほぼ自分でコントロールできるようになったと確信できたのです。『法華経』「法師功徳品《ほっしくどくほん》」にあるとおり、写経したり厳しい修行を積んだりして、自分というものを確立したことに得心がいった、と書いているのです。

すなわち「いまだ無漏《むろ》の発心得ざるといえども、しかもさきに六根清浄を得る」と自著『経《きょう》師《し》観行《かんぎょう》』に述べています。なお『摩訶止観』によると六根相似の位は、人を導く位としては上、中、下のうち下に相当するようです。

さて伝教大師は比叡山に登って間もなく、いま根本中堂のあるところに一乗止観院という庵を建て、そこに薬師如来を自分で刻んでおまつりします。そして歌を詠みました。

明らけく　のちの仏のみ世までも　光つたえよ　法《のり》のともしび

薬種油に灯心を入れて、仏前に火をともします。のちの仏というのは弥勒菩薩です。お釈迦さまが亡くなったあと、この世に弥勒菩薩がお出ましになるまで、この仏法のともし火を何とか守っていかなくてはいけない、という固い決心を歌に託したのです。このともし火は、比叡山に千二百年以上、「不滅の法灯」として、今でも絶えることなく守り伝えられています。

それから、文殊菩薩のお堂を建てて、その供養会、落慶法要をします。伝教大師は渡来人の系統ですから、そういう際には秦氏《はたうじ》といった渡来系の有力な外護者がいて、こうした法会のスポンサーになってくれます。さらには朝廷の援護もあって、奈良から法要を勤めに錚々たる人々が集まってきます。

最初は自分の修行のために、本当の仏教を学びたいということで、伝教大師は比叡山に籠もりました。やがては朝廷に出仕するだけでなく、比叡山に奈良の諸先輩の僧を招いて、『法華経』の講義を受けたり、時には自分も講義をしたり、そういうかたちで奈良の仏教界とも、この頃は積極的に交流しました。

さて比叡山は人材育成をめざす大学のようなものですから、図書館が必要です。図書とは、当時はお経です。昔は印刷など出来ませんから、全部を筆で書き写さなければならないのです。お経が揃っていないと一流の研究ができません。そこで「一切経《いっさいきょう》」つまりすべてのお経を集めようとします。

五千巻の写経を奈良仏教の人々に頼み、写経を専門とする人（写経生）も育てました。そして写経する人たちの手当てを出すため、お米を一匙ずつ提供してほしいと頼めば、伝教大師をみんなで応援しようという気運があって、奈良のお坊さんの中でも率先して協力してくれる人

比叡山延暦寺根本中堂

が現れたのです。さらに伝教大師の生き方に共鳴し、東国の化主《けしゅ》と尊敬されていた道忠が二千巻ものお経を比叡山に送り届けてくれました。このようにして比叡山は次第に充実していったのです。

入唐求法と桓武天皇

当時の奈良仏教の各寺々は、東大寺の大仏に象徴される国家宗教であると同時に、興福寺など藤原氏をはじめとする氏族の祈願寺でもありました。そこで氏族の政治家とは距離を置いて政治の刷新を図りたい、そのためには奈良仏教と距離を置き、新しい仏教を精神的支えにしたほうがいいというのが、桓武天皇の考えでした。そこで伝教大師に白羽の矢を立てたのです。伝教大師が全霊を傾注している天台の教えについて、中国の天台山まで行って正統な後継者の資格を得て、名実共に新仏教の指導者になってほしい、というのが朝廷の期待でした。

一方、伝教大師のほうでも、日本に伝えられた天台関係のお経は誤字脱字があってわからないところもあり、やはり中国に出向いて天台教学の真髄を学びたいという強い希望がありました。たとえ独学によってその奥義を極めたと思っても、きちんと法統を継承している師匠に確認してもらう必要がありました。そこで、天皇と伝教大師の希望が一致し、いよいよ中国に渡ることになるのです。

当時の中国は唐の時代に入っており日本では遣唐使を派遣して大陸文化の吸収につとめていました。そこで中国に仏教を学びに行くことを入唐求法《にっとうぐほう》といっていました。しかしまだ航海術が未熟であり大陸に行くことは非常な危険を伴い、命がけの航海でした。

伝教大師が乗った遣唐使の船団は瀬戸内海を出たところで突然、嵐に襲われます。壊れた船を修復するのに一年間待ち、再び出港。総勢六百人が四隻に分かれて乗船したのですが、そのうち二隻は海の藻屑になってしまいました。幸い伝教大師が乗った船は、目指す唐の都・長安から遥か遠くに流されたものの、無事にいまの寧波《ニンポー》付近に漂着することができました。

遣唐使の役人としては、長安から遠い場所への上陸は、その目的を果すためには不便でありました。しかし天台山をめざす伝教大師にとってはむしろ寧波は目的地に近かったので幸運でした。天台山へ着いた伝教大師は、天台大師から数えて六代目の中国天台宗中興の祖といわれる荊渓《けいけい》大師湛然《たんねん》の弟子である仏隴《ろう》寺行満《ぎょうまん》座主に会い天台法門の教えを受けました。この受法について伝教大師は「いまだ聞かざるところの法を聞き、いまだ見ざるところの境を見た」と述べています。

続いてやはり湛然の弟子の道邃《どうずい》からも龍興寺で天台法門を学びます。そして天台宗の正式な後継者として認定を受けたのでした。一般に行満は教理面が中心で、道邃は観心、すなわち実践部門が中心であったといわれています。さらに伝教大師は道邃から円教菩薩戒《えんぎょうぼさつかい》を受けます。この受戒がのちに天台宗が奈良仏教より完全独立する時に大きな意味を持つことになります。

天台山において入唐の目的をすべて果した伝教大師は、帰途、峰山道場で順暁《じゅんぎょう》阿闍梨から密教を学び灌頂《かんじょう》を受けています。その時の伝法の証明が、三部三摩耶《さんぶさまや》の印信《いんじん》といわれています。これが将来、天台宗の密教を特徴づけることになります。さらに伝教大師は、天台山禅林寺の翛然《しゅくねん》から達磨系の禅の法門も受けました。

以上から一般に天台宗は、円（法華）、密、禅、戒の四宗相承の仏教といわれています。しかしこれは四つの教義が四分の一ずつ均等に取り入れられたというのではなく、一乗思想を基盤として、これらの正式に継承された法門が天台教学をもとにして融合されたものと考えるべきでありましょう。やがて伝教大師は一年間の求法の旅を終え厖大な経典や仏画を携えて無事に帰国します。

ところが桓武天皇はすでに病に伏しており、いまかいまかと伝教大師の帰国を待ち焦がれていました。そこですぐに、病気平癒のご祈禱を命ぜられました。さらに国が繁栄するように、密教をみんなに授けよ、と言われるのです。密教というと護摩《ごま》を焚いてご祈禱をする、その様子が当時の貴族たちには目新しく映り、これは普通にお経を誦んでもらうよりも効き目がありそうだというわけで、急に関心が集まりました。

帰国した伝教大師は、早速朝廷に「天台法華宗年分縁起」を上奏、天台宗の公認を願い出ます。この中に有名な「一目の羅、鳥を得ることあたわず。一両の宗、何んぞ普ねくを汲むに足らん」という文章があります。カスミ網の一つの目で鳥が捕れないのと同じように、一つの宗派ではすべての人々の心を満たすことはできない、という意味です。すなわち奈良に諸宗があるけれども、その枠を拡げて天台宗の学僧も、国家公認の年分度者《ねんぶどしゃ》（仏教を学ぶ僧）に加えてほしいことを願いました。

そしてこの伝教大師の願いは早速聞き入れられ、上奏後わずか二十日余りで許可が出たのでした。それが延暦二十五年一月二十六日のことです。そこで天台宗では、一月二十六日を開宗記念日としています。その時の太政官符によると、年分度者は奈良仏教（南都六宗）の枠も含めて全部で十二人であり、そのうち天台宗に二人とし、一人は顕教、もう一人は密教を学ぶものとされました。伝教大師は桓武天皇の支援もあり、順調なすべり出しを見せたのです。

ところが時代の関心は密教の方へ移りつつあって、年分度者も顕教に対し同等に密教を学ぶ者が許可されたので、その育成が急務となりました。そこで中国で十分密教を学ぶ時間のなかった伝教大師は、弘法大師に着目します。

最澄と空海

奇しくも伝教大師と同じ時に中国に渡ったのが、弘法大師空海です。伝教大師は還学生《げんがくしょう》と言って、大学教授の留学のように一年間の滞在でお墨付きをもらって帰って来る立場です。一方、弘法大師は、留学生《るがくしょう》といって二十年間の学習期間を与えられた留学生でした。弘法大師は長安に行き、当時盛んであった密教を学びます。二十年の予定でしたが、わずか二年で学び終え、密教の大家である恵果阿闍梨《けいかあじゃり》から、私の後継者として、すべてあなたに教えたから、早く日本に帰ってこの密教を広めなさい、と言われ、帰国します。大変な天才です。

そこで伝教大師は、弘法大師の帰国を知り、手紙を書きます。弘法大師から密教を学ぶためです。唐へ向けて出発したときの待遇は、先生と生徒みたいな立場でした。ところが弘法大師が密教を深く学び、たくさんのすばらしい密教経典を持って帰って来たことを知ると、伝教大師は自分のプライドより仏教を学ぶことが大事と考え、弘法大師を「先生」と呼び、自分のことは「小弟子」と書いて、密教の本を借りたいと伝えます。

弘法大師も最初は貸してくれていたのですが、『理趣経《りしゅ》』を請われるに至って、これは貸すことはできないと返事をします。『理趣経』は密教の真髄について触れているので、これをうっかり文字づらだけで読むと誤解を招くというわけです。「密教というのは、師匠がこの人こそはと認定し育て上げた者に直接授けなくてはいけない、文字などというものは瓦礫みたいなものだから、文字だけで密教を学ぶことは不可能である」という手紙を伝教大師に送りました。さらに、「直接弟子になって学ぶのでなければ、いままで貸した本もみな返してくれ」とまで言われ、二人の仲が急転直下、悪化してゆきます。

それでも伝教大師はあきらめません。仏法を求めることについては、あくまでも愚直なのです。自分はまだ比叡山でやることがあって直接行けないから、自分の弟子を遣わしたい、ということで、泰範《たいはん》という優秀な弟子を弘法大師のもとに送ります。ところがこの泰範が行ったきりでなかなか戻ってこない。伝教大師が泰範に手紙で様子を聞いたところ、弘法大師が返事を代筆して、「文字づらで密教を学ぼうというのは仏法を盗むようなものだ」と辛辣な手紙をよこすのです。

そこでとうとう伝教大師も、密教を弘法大師から学ぶことはあきらめざるを得ないと考えます。こうしたやりとりにも、どちらが正しいということは別にして、密教に対する二人の姿勢の違いや、一途な伝教大師の性格がよく表れているのではないでしょうか。

元来、伝教大師がめざした一乗仏教は、中国の天台大師智顗《ちぎ》禅師が『法華経』を中心に集大成した、総合的仏教である天台教理論を中心にしています。天台大師はインドから中国へ伝えられた経典の内容を吟味して体系的に整理し、天台教理論を創りあげたので、中国のお釈迦様と言われております。そして伝教大師は、密教も一乗仏教であると理解し、密教による悟りも、顕教である天台仏教の悟りも、究極は同じであると考えました。

ところが弘法大師は、密教による悟りの方が、顕教による悟りよりも一段上であると考えたのです。すなわち伝教大師は顕密一致主義、弘法大師は密勝顕劣主義でした。ですから二人の訣別は当然であったかもしれません。

真俗一貫の仏教

さて、たいへん順調に歩んできたようにみえた伝教大師も、この頃からいろいろな試練にぶつかります。伝教大師を支援していた桓武天皇が亡くなるからです。

桓武天皇が亡くなってのち即位した嵯峨天皇は、弘法大師を重用します。そのため、これから天台宗を盛んにしたいという時になって、朝廷の後ろ盾をなくした伝教大師には、世間の風当たりが強くなってきます。今まで桓武天皇の手前、遠慮していた奈良仏教も、少しも手加減しません。

そこで伝教大師は、自分の主張が正しいことを証明するために奈良仏教の法相宗のお坊さんと論争をします。特に福島の会津にいる徳一《とくいつ》との論争が有名です。当時、法相宗の最高の学匠とされた一人です。徳一の書いたものは失われてしまいましたが、伝教大師が書いた『守護国界章《しゅごこっかいしょう》』という三巻に及ぶ大著が残っており、徳一の反論も取り上げてあるので、その考え方もうかがえます。これを見ると相当激しい論争が行われたことを知ることができます。

例えば悟りについては、奈良仏教では、五性各別《ごしょうかくべつ》といって、人にはそれぞれ生まれながらにして素質というものがある、その中には箸にも棒にもかからない、仏さまになれない者もいるのだ、と考えます。これは非常に現実的なものの見かたです。一方、伝教大師は、善悪を問わずすべての者が救われるのだという、より宗教的な立場のように思われます。『法華経』には、すべての人に仏性がある、と説かれているからです。

両者の論争は、相手が説く教えは真理でなく人を悟りに導くための方法論、すなわち方便なんだということで相手を一段低く見るので、なかなか決着がつきません。この論争は三一権実《さんいつごんじつ》論争といわれ、伝教大師のエネルギーは、ほとんどこの論争に費やされます。しかしながら、一乗仏教という伝教大師の主張が、その後だんだんと日本仏教の大きな流れになっていくのは、ご承知のとおりです。

奈良仏教の僧侶は、専門家として国や天皇家の安泰や、自分の外護者である氏族の安泰を祈ることが中心です。ですから、大衆を救済することにはあまり力を注ぎませんでした。しかし、伝教大師が理想としたのは、「真俗一貫《しんぞくいっかん》」の仏教です。真と俗とが一緒に仏にならなくてはならない。真すなわち、お坊さんいわゆる専門的な修行をしている人だけが仏になるというのではない。俗すなわち、仏教を専門としていないすべての人々が仏になることに心を砕いたのです。そしてみんなが仏となることが国を守り、国を鎮めることであると考えたのでした。

大乗戒壇の悲願

さらに伝教大師は昔、勉強した奈良の大安寺まで出かけて行って、『法華経』の講義を行い、自分の考えを述べます。かつて比叡山で行った時には、周囲から嘱望されておりましたけれども、今は奈良仏教から完全独立を求めており、さらに朝廷の庇護もなく落ち目だということで、寄ってたかって論難され、窮地に陥りました。それでもなんとか乗り越えますが、比叡山には帰らず、悲壮な思いで旅に出ます。まず聖徳太子廟に参拝します。

当時、聖徳太子は、天台大師の師僧南岳慧思《なんがくえし》禅師の生まれ変わりという信仰がありました。そして太子は『法華経』の注釈書『法華義疏』を著し、日本に『法華経』の教えの種を播いたといわれています。それから二百年、まさに『法華経』の教えが広まる時代が到来していると伝教大師は考えました。これを「円機已熟《えんきいじゅく》」といいます。法華円経が弘まる機縁が已《すで》に熟している、というわけです。

そして、その教えを広める使命が自分にあることを太子廟に改めて誓います。そのあと東北や九州を行脚《あんぎゃ》するのです。そして説法を続け、『法華経』の教えが広まってゆくあかしとして、法塔の建立《こんりゅう》も行いました。日本全国の東、西、南、北と中央の五ヶ所と、加えてそれらを総合する意味でさらに比叡山の中央に一ヶ所、合計六ヶ所に法塔を建て、それぞれの塔中に一千部の『法華経』を納めました。日本中を『法華経』の一乗思想で埋め尽くそうというのです。

ところが年分度者として公式に天台宗を学ぶことを許されても、一人前の僧侶となるには、東大寺の戒壇に登り、小乗戒を受戒しなければなりません。しかしながら、伝教大師の主張する真俗一貫の大乗菩薩を育てる仏教には、新しい大乗菩薩戒が必要なのです。このことは伝教大師は中国において道邃から天台仏教と合わせて『梵網経《ぼんもうきょう》』（菩薩戒を説く経典）の流れを汲む戒律を受け、確信を得たのでした。そこで伝教大師は、新しい僧侶、大乗菩薩僧の登用試験を実施する権限、すなわち大乗戒壇を比叡山に設置することを朝廷に申請しました。

この申請奏上文が『山家学生式《さんげがくしょうしき》』です。その中には次のような有名な言葉があります。「国宝とは何物ぞ。宝とは道心《どうしん》なり。道心あるの人を名づけて国宝となす」。国の本当の宝とは何か。道を求める心である。そして「径寸《けいすん》十枚、是れ国宝にあらず。一隅を照す、是れ則ち国宝なり」と続きます。

いわゆる宝石財産が宝なのではなくて、一隅を照らす人こそ国の宝なのだ。そういう人を育てるためには小乗戒では困難なので、比叡山に新しい大乗戒壇の免許が欲しい、と申請しましたが、これがどうしても受け入れられません。

朝廷がこの申請を検討させる役所を僧綱《そうごう》といいます。ここは奈良仏教出身者で構成されていたので、比叡山に奈良仏教とは別の独自の僧侶認定免許権を与える、ということになると、奈良仏教の権威が失墜しますから、これには奈良仏教側はこぞって反対するのは、当然のことかもしれませんでした。

しかし伝教大師はあきらめません。再三再四、大乗戒壇設立の申請書を朝廷に出します。この頃の伝教大師には鬼気迫るものがありました。しかし願いもむなしく、五十六歳で身体も心も疲れ果て、やがて病の床に臥してしまいます。いよいよ最期というとき、このように言い遺します。

　我がために仏を作るなかれ、我がため経を写すなかれ、我が志を述べよ。

もう私はこれで亡くなるけれども、私が亡くなっても、私の供養のために仏さまなどは彫らなくていい。ただ私の志を伝えてほしい、と。

　そして伝教大師は無念のうちに波乱に富んだ生涯を閉じます。弘仁十三年（八二二）六月四日のことでした。

　伝教大師の遺志を受けて、弟子たちが朝廷に懸命に働きかけます。そして大師の初七日にやっと比叡山での大乗戒壇設立の勅許が下り、奈良仏教から独立した天台宗が比叡山にできあがるのです。

　これは、今まで外来宗教であった仏教が、日本仏教と位置づけられることになる大きな出来事でした。そして国風文化の形成にも仏教が次第に影響を与えていくのです。まさしく日本仏教の歴史に大きな転換をもたらす出来事であったといえましょう。

最澄のめざしたもの

さてここで、伝教大師は何をめざしたのかをあらためて考えてみますと、一つは先に述べました「真俗一貫」ということです。すべての人々がわけへだてなく仏となれる一乗仏教を日本中に広めることでした。さらにこの精神は平安末期から鎌倉時代に、法然や親鸞、日蓮、道元といった人物が比叡山から輩出され、時代の要請に合った新しい仏教を生み出す原動力にもなっていきます。

現在、比叡山上の大講堂（僧侶の学問研究発表の場所）には本尊を中心に、比叡山で修行した各宗祖師の尊像が、それぞれ各宗から寄進され、仲良く奉安されております。そして今日でも、伝教大師の御遠忌（命日の特別法要）には、各宗の管長が上山、報恩法要をつとめています。仏教の母山、すなわち一乗仏教の本山としての役割は、脈々と今に生きているのです。

伝教大師がめざしたもう一つの考えは、これも先にご紹介しました「一目の羅は鳥を得るにあたわず」とありますように、自分の説く教えが、いくら今の時代にふさわしい正しい教えであるとしても、すでに存在している教えは、それぞれに意味がある、という立場に立ちます。

すなわち相手の立場を認めたうえで、こちらの考え方も理解してもらうということです。これを現代の視点で捉えれば、仏教をはじめキリスト教、イスラームなどたくさんの宗教が世界にはありますが、その中で、仏教だけが正しくて他の宗教はだめだ、ということではなく、それぞれに役割があるということです。

この精神は今も比叡山に伝えられております。先ごろ「比叡山宗教サミット」が開かれ、世界の、例えばバチカンやイスラームなどの宗教指導者が集まりました。それぞれの宗教がもつ真理は尊重しながら、お互いに話し合い、世界平和のために協力していくという催しです。他の宗教に対して、あれはけしからんと言って否定するのではなく、自分の信仰のバックボーンはきちんと持ちつつも、他人の信仰をも認めていかなければいけない。そしてすべての人々が救われるように、各宗教が手を携えていく。すなわち一乗宗教こそ、伝教大師がめざしたものではなかったか、と私は考えています。

「愚が中の極愚、狂が中の極狂」——最澄の願文を読む

天台宗の宗祖、伝教大師最澄上人は、若き日に比叡山に入ると、早速そこでこれから自分はこういう気持ちで仏教の修行をし、世の中のためにこのように役に立ちたいという修行方法とその目的、さらに修行後の社会貢献などを記した誓いの文章を書きました。これを一般に『願《がん》文《もん》』といっています。

みなさんも、何事かを行おうとする時に、自分の決意を人前に表明したり、あるいは日記か何かに不退転の気持ちでやるぞと記したりすることがあると思います。昔の武士なども、よく願い事が成就するように誓いの言葉（誓詞）を神前に奉ったりしました。なかでも仏道修行をする人が書いたものを、発願文とか誓願文といいます。

この『願文』を読みますと、単に修行の目的だけでなく仏教とはなにか、ということがわかります。いわば仏教入門書にもなろうかと思われるので取り上げてみました。さらにこの『願

文』は「人生いかに生きるべきか」を集約したものといってもいいでしょう。
ただしこれは、最澄という秀才中の秀才にして意志堅固な努力家が書かれたものですから、それをそのまま自分に置き換えて実践しようと思うとたいへんです。しかしその千分の一、万分の一でも、その気概にふれ、これからの人生の新たな刺激にしていただければありがたいと思います。

苦と無常の世界の中で

それでは『願文』を冒頭から少しずつ読んでゆきます。

悠々《ゆうゆう》たる三界《さんがい》は純《もっぱ》ら苦《く》にして安《やす》きこと無《な》く、擾々《じょうじょう》たる四生《ししょう》は唯《た》だ患《うれ》いにして楽《たの》しからず。牟尼《むに》の日《ひ》久《ひさ》しく隠《かく》れて、慈尊《じそん》の月《つき》未《いま》だ照らさず。三災《さんさい》の危《あや》うきに近づき、五濁《ごじょく》の深《ふか》きに沈《しず》む。加似《しかのみなら》ず、風命《ふうみょう》保《たも》ち難《がた》く露體《ろたい》消《き》え易《やす》し。艸堂《そうどう》楽《たの》しみ無《な》しと雖《いえど》も老少《ろうしょう》白骨《はっこつ》を散《さん》じ曝《さら》す。

このような調子で文章が続きます。非常に名文です。こういう文章を四六駢儷体《しろくべんれいたい》と言い、四字と六字の句を中心に構成されています。隋が中国を統一する前の六朝時代の文章の影響がみられます。

これを最澄は何歳で書いたか。生年に二説ありますが、いずれにしても十九歳か二十歳のときに、これだけの文章を書きました。その内容が深い教養に裏打ちされているのに驚かされます。

悠々《ゆうゆう》たる三界《さんがい》は純《もっぱ》ら苦にして安《やす》きこと無《な》く、

果てしない永遠の過去から未来に限りなく時の流れる三界。三界とは「欲界」「色界」「無色界」のことです。

我々の生きている現世は欲に支配されているので「欲界」といいます。貪《とん》・瞋《じん》・癡《ち》の三毒とも言いますが、貪とはむさぼり、すなわち私たちが生きていくための食欲、子孫の繁栄のための性欲、睡眠欲、さらには財産や名誉、権力などの欲。瞋はねたみ、癡は無知とか気がつかないことをいいます。これらの三毒に悩まされる平凡な人間が生きている世界が「欲界」です。「色界」は、それらの欲をコントロールしてみると、汚いものも、きれいなものも、それほどその区別に執着すべきものではない。それぞれ世の中に存在するものは、存在する意味があるのだと感じられるのが「色界」。色とは色即是空の色のことで、物、物質を表わします。そのもう一つ上が「無色界」で、色をいちいち意識しなくなってしまう世界。これは欲や物質を超越して、精神的にすべてをコントロールできる世界をいいます。

これらの三界は、修行によって欲界から無色界へと上っても、油断をするとまた下に落ちてきて、欲に悩まされて輪廻し続けます。この三界には「もっぱら苦にして安きことなく」、これが大事なのです。「三界は苦しみが多くて、心が落ち着くことはない」ということです。

それでは、仏教はこの苦をどう受けとめているのでしょうか。仏教では、この世は「四苦八苦」だと言います。しかし、それらを超越したり逃げることが人生かというと、そうではありません。人間である以上、苦というものは絶対になくならない。煩悩も絶対なくなりません。そのなくならないものと、どのようにして折り合いをつけ共に過ごせるか。そこに仏教の原点があるのです。

ですから仏教を修行すれば苦しみが全く生まれなくなって、それで幸せになるわけではありません。苦というのは真理として存在するのです。そこで、その苦をいかに受けとめ、楽の芽を育てるか、そこに仏教の根本があるのだと思います。

例えば、かつてはとても貧乏で苦労したけれど、今はあの時代が懐かしいな、と思われる人もいるかもしれません。しかし実際は努力も何もしなければ、苦はそのまま苦として存在し続け、懐かしいどころではないはずです。三界は苦である、その苦をどう受けとめるかが『願文』の原点にもなっています。

擾々《じょうじょう》たる四生《ししょう》唯《た》だ患《うれ》いにして楽《たの》しからず。

擾々というのは、ごたごたと騒がしく、すなわちまとまりのないことです。四生とは、生きとし生けるものすべてのことをいい、その生まれ方によって分けたものです。まず、「胎生」と言いまして、これは哺乳類。そして「卵生」は鳥や爬虫類のように卵から生まれるもの。それから「化生」、これは天人のこと。これはちょっと我々には実感が持ちにくいです。天人は赤ん坊から育たないでいきなり美しい姿で生まれてくると信じられていたのです。そして「湿生」というのは、じめじめしたところから生まれるもの。これは現代の科学で分類すると、菌であるとか、胞子で増えていくものでしょう。なんとなくじめじめしているイメージです。

今、年金問題で騒いでいますけれども、年金は税金なのか保険なのか、それとも貯金なのか、よくわかりませんね。粘菌という生き物がいます。これが植物か動物かいまだに分からない生物です。アメーバみたいに増えたと思ったら、パタッとやめて胞子が出て今度は植物になったりします。現在も研究の最中らしいです。将来、何に役立つか分からないけれど一所懸命に研究している人は、こんな研究では何の収入も得られなくて、将来やっぱり年金に頼らないと暮らせないかな、などといっています。そんな粘菌は昔流に分類すれば「湿生」ということになるでしょう。

この生きとし生けるもの、四生には憂いが多くて、楽しく生きているように見えない。さらにけがをしたり病気をしたりして、長寿を全うできることが少ないのです。現在は長寿でも孤独であるとか、認知症とか新たな悩みも生まれています。

牟尼《むに》の日《ひ》久《ひさ》しく隠《かく》れて、慈尊《じそん》の月《つき》未《いま》だ照《て》らさず。

牟尼とは釈迦牟尼如来、慈尊とは弥勒仏です。お釈迦様が亡くなられて、五十六億七千万年後に弥勒仏が出てこの世を照らして救ってくださるといわれています。ですから今は無仏、仏様がいない時代、それも末法が近づきつつある、そういう大変な時代です。

加似《しかのみなら》ず、風命《ふうみょう》保《たも》ち難《がた》く露《ろ》體《たい》消《き》え易《やす》し。

命など風みたいなものだから、常に保っていくのもたいへんですし、自分の身体は頑健だと思っていても、いつ露のごとく消えるかわからない、はかない存在です。

艸堂《そうどう》楽《たの》しみ無《な》しと雖《いえど》も老少《ろうしょう》白骨《はっこつ》を散《さん》じ曝《さら》す。

この艸堂というのは草葺きの家です。当時は奈良のお寺やお役所など特別なところは瓦葺きでした。しかし一般庶民は、草葺きの家に住んで楽しみのない苦しい日々の生活をしている。

それほど寿命も長くないし、生まれてすぐ亡くなる赤ちゃんもいる。そういう白骨がその辺に放り出されていることもある。まさに老少不定です。

最近、白骨を見るとか、人の死に直面するということが少なくなりました。最近の若い人にとっては、おじいちゃんやおばあちゃんは、たいがい入院したまま亡くなり、病院できれいに湯灌をされて、気が付くともうお骨になって壺の中に入っている。実感として、人間というのは長い人生の最期を厳かに閉じていくのだと知る機会はほとんどありません。ですから、残念ですけれど、無常ということを肌で感じることが少なくなりました。しかし当時は死体を目の当たりにすることは当り前のことでした。

土室《どしつ》闇《くら》く迮《せま》しと雖《いえど》も而《しか》も貴賤《きせん》魂魄《こんぱく》を争《あらそ》い宿《やど》す。

土室、土の室というのは、お墓のことです。狭いお墓の中で、身分が高かろうが、貧しかろうが、みな魂魄が争っています。魂《こん》と魄《はく》、これはどちらもたましいなのですが、たましいにも二通りあると考えられています。魂《こん》は精神を司る魂《たましい》、魄《はく》は肉体を司る魄《たましい》です。魂は亡くなると天上界へ行く。そして魄のほうはなぜか地下のほうに行くと考えられていました。

この魂と魄がそろってコントロールされていないと人間はうまくいかない。そして亡くなると両方が分かれていくと考えられていました。

彼《かれ》を瞻《み》、己《おのれ》を省《かえりみ》るに此《こ》の理《り》必定《ひつじょう》せり。

他人のことを見ても、自分を振り返ってみても、この理《ことわり》すなわち今まで述べてきたのは、道理であり当たり前のことであります。

光陰を空しく過ごすことなかれ

仙丸未《せんがんいま》だ服《ふく》せざれば遊魂留《ゆうこんとど》め難《がた》し。

仙丸というのは不老長寿の薬のことです。昔、秦の始皇帝が不老長寿の薬をどうしても手に入れたいと世界に使者を派遣するのです。徐福《じょふく》という商人が始皇帝に、私が必ず不老長寿の薬を探してきましょう、東の方に倭《わ》というすばらしい国があります、と言って日本に不老長寿の薬を探しに来ます。ところが本人は不老長寿の薬などは最初からないとわかっているのです。それなのに、もう少しで見つかるから、お金をさらに送れと言って秦の始皇帝からだいぶお金をせしめたと言われています。

この人、日本のどこへ来たかというと紀州の熊野へ来たのです。熊野は補陀落《ふだらく》浄土といって、観音の浄土として有名です。徐福はもらったお金でそこでのんびり暮らし長生きしたようです。不老長寿の薬などないから、魂を留めておくことができない、つまり命は限りがあるということです。

命通《みょうつう》未《いま》だ得《え》ざれば死《し》辰《しんいつ》何とか定《さだ》めん。

命通というのは、神通力のことです。神通力には五神通、すなわち仏様に五つの特別な力があるとされています。天眼通《てんげんつう》、遠くを見渡せる千里眼です。天耳通《てんじつう》、小さな音でも聞こえる能力。宿命通《しゅくみょうつう》、過去のことが全てわかる力。他心通《たしんつう》、他人の心が分かる力。神足通《じんそくつう》、どこでもすっと通ることができる力のことです。もしこんな五神通という力があったら素晴らしいと思いますか？　これは欲がない仏様が持つから良いので、私たちみたいに煩悩に悩まされ欲深い人間がこんな能力を持ったら、お互いに疑心暗鬼となって大喧嘩して大変なことになります。ない方がありがたいと思います。

こういう命通すなわち特別な力がないから、自分の寿命など先行きというものはわからないのです。

生《い》ける時善《ときぜん》を作《な》さずんば死《し》する日獄《ひごく》の薪《たきぎ》と成《な》らん。

生きている間に善いことをしなければ、亡くなったときに閻魔さんのお裁きで地獄に行ってしまう。すなわちこの世界は因果応報で成り立っています。これが私たちにはわかるようでなかなかわからないのです。現実の社会ではあんな悪いやつがのうのうと、楽々と生活しているじゃないか、あんな良い人が早く亡くなったり、苦労しているじゃないか、ということがほとんどです。

これは我々がお互いに、自分の見える範囲でしかものを見ていない、それも欲で曇った眼で見ているからです。もっと大きな、何代にもわたる悠久な眼、すなわち仏の眼でものを見た場合には、善因善果であるのです。

ところで善いこととはなんでしょうか。この善とは、道徳的に善いことということもありますが、具体的には十善《じゅうぜん》をいい、これを実践すると心が清浄になる行いのことです。これは仏教の戒律にも関係しています。

五戒というと、無駄な殺生をしてはいけない（不殺生戒）、ものを盗んではいけない（不偸盗《ふちゅうとう》戒《かい》）、嘘をついてはいけない（不妄語戒）、みだらな性関係はいけない（不邪淫戒）、お酒を飲んではいけない（不飲酒戒《ふおんじゅかい》）の五つの戒めを言います。

これに加え、べらべらお世辞を言ったり、悪口を言ったり、二枚舌を使ったりしてはいけない。貪ったり怒りを持ったり、偏見を持ったりしてはいけない、との五つを加えて十戒。この十戒を守り実践することが十善です。それを生前に守って生活すれば、亡くなった後、地獄に落ちなくて済む、というのです。

得《え》難《がた》くして移《うつ》り易《やす》きは其《そ》れ人身《にんしん》なり。

人間に生まれるということは、確率からいったらなかなか困難で大変なことでありながら、そうして得た命というものは定まらず、人生は無常そのものであるということです。

発《おこ》し難《がた》くして忘《わす》れ易《やす》きは斯《こ》れ善心《ぜんしん》。

善いことをしましょう。十善を実践しようという気持ちがあっても、カッとして怒ればそんなことは忘れてしまうし、もう明日からは絶対に悪口を言うまいと誓ってみても、何かしゃくにさわることがあると、すぐに忘れてしまいます。これは人間として止むを得ないようですけれども、こういうように人の気持ちは常に動いてしまい、なかなか善いことは実践しにくいものだといっています。

法王牟尼《ほうおうむに》は、大海《たいかい》の針《はり》。妙高《みょうこう》の線《いと》を仮《か》りて人身《にんしん》の得難《えがた》きを喩況《ゆきょう》し、法王牟尼というのは、お釈迦様です。お釈迦様は、人に生まれることがいかに稀有であるかを、お経に説かれているいろんな喩えで解説します。大海の針とは、大海原の真ん中に針をぽんと投げてそれを探す、それと同じくらいに人間に生まれることは難しいことだといっています。

これに似た喩えで、「盲亀浮木《もうきふぼく》」という喩えもあります。百年に一回、目の見えない亀が海の底から出てきて、そのときたまたま流れてきて浮いている木の丸い穴へ、首を突っ込む可能性と同じくらいに、人として命をいただくことは大変なことだと、お経の中に書いてあるのです。

一方、妙高とは須弥山《しゅみせん》のことです。仏教では世界の真ん中にとてつもない高い山、妙高があると考えられている。そして我々は南閻浮提《なんえんぶだい》と言って、その山の南側に浮いている島に住んでいると考えられているのです。妙高からみれば富士山なんか低すぎて見えないぐらいです。その高い山から糸を垂らして麓にある針に通すのです。しかしその中腹は風が吹いていますから、糸がゆらゆらして方向が定まらない。人間として生まれることの難しさは、その針に糸を通すくらいの確率だ、というわけです。

でも、そう言われても、私たちの隣を見渡せば、みな人間です。どこに行っても人だらけなのでなかなか実感がありません。しかしそれは人間ばかり集まっているからです。人間として生まれなかった存在に比べたら、人間というのは本当にわずかなものです。それなのに我々はいつも自分の立場でものを考えますから、人の命は大切だと言われても、こんな苦労の多い人生、なんで産んでくれたのだ、と考えたりします。

学校でもそういう傾向があります。成績の優秀な生徒ばかり集まっている学校では、各人は本当に優秀だし、努力もできる資質に恵まれた人がほとんどです。けれども、出世したいとか金持ちになりたいとか勝手な話ばかりしていて、せっかく優れているのだからその能力を生かして、世の中のために働く責任がある、なんて思ったりしませんね。優秀な人たちだけが寄り集まると、それが当たり前だと思って、その才能に感謝する気持ちが生まれない。だからお返しの心も生まれないのです。

どうも我々は、自分の側に同じような人が集まってしまうと感覚がにぶくなる。霞ヶ関の優秀なお役人たちはどうでしょうか。感受性とか想像力が豊かな心、仏教ではこれを柔軟心《にゅうなんしん》と言いますけれども、そういう気持ちをもつことが大切なのです。

自分の生命がこの大海の針、妙高の線《いと》なのだということを自覚したい、自覚をすると、おのずからどのように人生を送るべきか考えざるを得なくなってきます。

古賢禹王《こけんうおう》は、一寸《いっすん》の陰《とき》、半寸《はんすん》の暇《いとま》を惜《お》しみて一生《いっしょう》の空《むな》しく過《す》ぐるを歎勧《たんかん》せり。

中国の古代の賢い王様である禹王は、紀元前二千年ぐらいの夏王朝の王で、黄河の水をうまく治めることができたので、建国して王となった名君です。大変な努力家でわずかな時間も惜しんで勉強をしましたが、それでも時の経つのが早く、一生が空しく過ぎる、と嘆いたという伝説があり、それを引用しております。

愚かな私の自覚

因《いん》無《な》くして果《か》を得《う》るは是《こ》の処《ことわり》有《あ》ること無《な》く、善《ぜん》無《な》くして苦《く》を免《まぬが》るる是《こ》の処《ことわり》有《あ》ること無《な》し。

原因がなくては、結果は絶対に出ない。これはごく当たり前のことなのです。これは因縁所生といって仏教の根本です。

ところが、我々が自分で知り得る原因というのは限られているのです。それを克服しただけでも、ある程度展望が開けるのですが、その外に自分がつかみきれない目に見えない原因がたくさんあるのです。ですから自分も努力するけれども、あとは仏様にお願いをするより仕方がありません。

因果についてわかりやすい例を引くと、「風が吹けば桶屋が儲かる」というような話があります。風が吹くと、昔は舗装道路ではありませんから、埃がたくさん立つ。そうするとその埃が目に入って目を悪くする人がいる。医療が充分でないものですから、失明する人も出る。そうすると昔は生活するには、按摩さんになって三味線を覚えてそれを生業としなくてはならない。三味線は、昔は猫の皮を張りました。だから三味線が売れると猫がいなくなる。すると鼠が増え、増えた鼠が桶をかじると、桶の需要が増えて桶屋が儲かる、こんな冗談みたいなたとえ話があります。因果というのは、途方もないことで絡み合っているのです。

もともと仏教では、この世界はすべて相関関係で成り立っていると考えます。その関係を帝《たい》釈天《しゃくてん》の網で説明しています。帝釈天は、この世のなかに大きな網をかけています。その網の結び目一つひとつに我々がいます。自分だけならいいだろうと思って勝手に動くとします。すると、その網目がちょっと動いただけでも、無数の網の目全体に影響を及ぼしてゆくわけです。ですから、この世に関係のないものはない、全部が相関関係で結ばれているというのです。

原因と結果には必ず相関関係があるということです。それが直接的な問題なら、なおさらです。苦を免れるにはやはり、直接的な原因となる悪いことをしないで善根を積んでいかなければいけないのです。

伏《ふ》して己《おの》が行迹《ぎょうせき》を尋《たず》ね思《おも》うに、無戒《むかい》にして竊《ひそ》かに四事《しじ》の労《いたわ》りを受《う》け、愚癡《ぐち》にして亦《また》四生《ししょう》の怨《あだ》と成《な》る。

最澄自身が、せっかく受けてきた戒を厳格に守れず、四事つまり衣・食・住と医療が保障されている立場にいるにもかかわらず、愚痴、すなわちおろか者で何もできないため、四生すなわち、生きとし生けるものに迷惑をかけている存在だと、大変厳しく自己反省をしています。

是《こ》の故《ゆえ》に、『未曾有因縁経《みぞういんねんきょう》』に云《いわ》く、「施《ほどこ》す者《もの》は天《てん》に生《うま》れ、受《う》くる者《もの》は獄《ごく》に入《い》る」と。

人様のために尽くすことができる人は次の人生で苦しみのない天上界に生まれるけれども、自分のようにただただ恩恵を受けるだけの者は地獄に堕ちてしまう、そのように『未曾有因縁経』には書かれています。

提韋女人《だいいにょにん》の四事《しじ》の供《そな》えは末利夫人《まりぶにん》の福《ふく》と表《あら》われ、

こういう喩えがあるのです。提韋さんという女性が四事の供え、衣食住や医療をいろんな困った人やお坊さんに施していたために、その善行によってコーサラ国の末利夫人という王女に生まれる福を得た、とお経にあります。

貪著利養《とんじゃくりよう》の五衆《ごしゅう》の果《か》は石女擔轝《しゃくにょたんよ》の罪《つみ》と顯《あらわ》る。

貪著利養の五衆とは、資格のないお坊さんです。人の役に立つことができないのに、自分は悟りすまして立派な修行僧ですというふりをして、この末利夫人から四事のお世話になった。こういう人たちは生まれ変わったときに、子供を産むこともできず、また末利夫人の輿《こし》を担ぐ下女に生まれ変わってしまった、というのです。

石女というのは子供を産めない女性、これは現在たいへんな差別語ですけれども、この喩えは昔のインド社会の話です。当時のインドでは、家を継ぐために子供を産むということが最大の功績でありまた義務でした。そのためこういう喩えになっています。現在では適切な喩えとはいえませんが、いい加減なことをしていれば厳しい罰を受けることを強調しているのです。

明《あきらか》なる哉《かな》、善悪《ぜんなく》の因果《いんが》、誰《いずく》の有《う》慚《ざん》の人《にん》か、此《こ》の典《のり》を信《しん》ぜざらんや。

このように因果の理法は明らかである。有慚の人とは、慚愧《ざんき》、恥を知る人間です。典というのは経典です。恥というものを知らない人間は、なかなかこういう教えは分からないかもしれない。しかし、恥を知っている者なら、この経典に説くことを信じないわけにはいかないでしょう。

然《しか》れば即《すなわ》ち、苦因《くいん》を知《し》りて而《しか》も苦果《くか》を畏《おそ》れざるを釋尊《しゃくそん》は闡提《せんだい》と遮《しゃ》したまい、『涅槃経《ねはんぎょう》』に闡提という人々が出てきます。善いことをすれば善い結果があるという理法をまったく信じない、ですから実践しようともしない人です。お釈迦様は、こういう人たちは決して救われないと言いました。ところがこの世の中は、闡提がずいぶん多くなっているような気がして残念です。これは人として決して望ましい姿ではありません、お釈迦様もそういっています。

人身《にんしん》を得《え》て徒《いたずら》に善業《ぜんごう》を作《な》さざるを聖教《しょうぎょう》には空手《くうしゅ》と嘖《せ》めたまえり。

人間には本来、仏性があり、善業を積む能力が備わっています。だから人間として生まれて、十善を守ろうとしない人を、お経のなかで空手のようだと責めています。この空手というのは、宝の山に入って何も持って帰ってこないことをいいます。

是《ここ》に於《おい》て、愚《ぐ》が中《なか》の極愚《ごくぐ》、狂《きょう》が中《なか》の極狂《ごくきょう》、塵禿《じんとく》の有情《うじょう》、底下《ていげ》の最澄《さいちょう》、上《かみ》は諸仏《しょぶつ》に違《たが》い、中《なかごろ》は皇法《おうぼう》に背《そむ》き、下《しも》は孝禮《こうれい》を闕《か》く。

最澄は前にも自己反省の言葉を述べていますが、ここでも自分自身について厳しく反省しています。

自分というものは、愚かな人の中の最も愚かな者だ。狂っている者の中の最も狂っている者である。何の役にも立たないゴミのような生きものである。ほんとうに最低な自分であると、非常に厳しく自分を反省しているのです。

ただしここでいう愚とか狂は、単なる文字面の愚や狂ではありません。仏教というのは、理論と実践の両方が伴わなければ、仏の教えが生きているとは言いません。この愚のなかの極愚とは、理論ばかりで、実践が伴わない人のことをいいます。

天台大師が口述された『摩訶止観』に、愚と狂という言葉が出てきます。最澄はこの時はまだ天台大師の本を直接読んだのではなく、天台大師の本が引用されている文章を読んだといわれていますが、そこからヒントを得て書いているのです。

愚とは、学問ばかりで実践ができていないこと。頭がよくて物知りの人はすばらしいかもしれませんが、逆にそれにとらわれていると、最も愚かなことをやりかねないことがあります。

逆に、狂とは、学問がなくて実践だけのことです。勘だけに頼っているのかもしれません。それを狂というのです。これは実践ばかりに偏り、その意義を十分理解していないことを言います。

道元禅師は、仏道修行は「只管打坐《しかんたざ》」、ただひたすらに坐禅をすることだといっているのですが、実はそう言いながら、『法華経』の根本精神である諸法実相の哲学に裏づけられた理論を構築しているのです。理論と実践がピタッと合っているのです。その上に立って坐禅の大切さをいっているから、皆さんがなるほどと慕って学ぶわけですね。

学問と実践が調和していなければいけないのですが、最澄は、自分は物知りだと言われて多少何かをつかんだつもりでいるけれど、どうも偏っているようだ。では実践はどうかというと、これも身についていない。自分は本当にまだまだ未熟者だというのです。仏さまの教えに背いていることが多いし、皇法すなわち当時の法律もなかなか守りきれていないし、孝礼すなわち親孝行もしていない、よくよく考えてみると、自分というものは本当に行き届かない人間だと、厳しく自己省察するのです。

不退の願心をおこす

謹《つつし》みて迷狂《めいきょう》の心《こころ》に随《したが》い三二《さんに》の願《がん》を発《おこ》す。

そうはいっても、これをなんとか克服して自分を磨き、世の中の役に立つために、いくつかの大願を発して実践をしていきます、とここで一大決意表明を行っています。

無《む》所《しょ》得《とく》を以《もっ》て方便《ほうべん》と為《な》し、無上第一義《むじょうだいいちぎ》の為《ため》に金剛不壊不退《こんごうふえふたい》の心願《しんがん》を発《おこ》さん。

無所得とは、こだわらないことです。我々はいろんなものにこだわっている。人を救うにしても、親しい人から助けてあげようとか、助けてあげれば何か見返りがあるのではないかと期待したりします。それでは菩薩の心になりません。すべてに差別なく、心を開いていかなければならない。これはたいへん難しいことです。

そういうこだわらない開かれた心を手立てにして、無上第一義、すなわち文字通り、最高の仏道の実践をめざして、金剛不壊はダイヤモンドが硬くて壊れないことですから、そのようなゆるぎない、そして不退、これは絶対に諦めて後戻りしない、そういう決心で願いをここに発す、というのです。

我未《われいま》だ六根相似《ろっこんそうじ》の位《くらい》を得《え》ざるより以還《このかた》出仮《しゅっけ》せじ。

願のその一。六根とは眼耳鼻舌身意《げんにびぜっしんに》のことで、身体全体と心を象徴的に示しています。すなわち人間は視覚、聴覚、嗅覚、味覚と触覚（身）それに心の働き（意）によって外界と関係を持っています。これらの六根が清められると、人間が仏様に近くなる。六根が正常にして相似、すなわち仏様に似たような段階になるまでは比叡山で修行し、そうなったらはじめて、世の中の役に立つよう山を下りて、社会貢献をしよう。出仮とは、世間に出て世のために働くことです。

さて、悟りには六つの段階があります。これを「六即」といいます。

一つは理即《りそく》。誰でも仏性がありますから、本来的には仏になれる存在であるということで、ここまではいけるのです。

次に名字即《みょうじそく》というのは、文字で理解すること。先ほどの愚の人はここに入ります。理論的に仏教を理解できる。皆さんも日頃から勉強されたりお話を聞いたりして、この第二段階くらいに入ります。

観行即《かんぎょうそく》というのは、仏教の真理を止観や坐禅などを通じ体得をめざす段階。この観行即というのは、修行しているときはいいのですけれども、しばらく修行を怠るとまた名字即、前の理論だけの位に戻ってしまいます。昔取った杵柄《きねづか》などとやってみても、なかなか上手くいかないことがあります。

その次の段階がいま述べた相似即です。六根相似で仏様に似たようになる段階です。

その上が分証即《ぶんしょうそく》、これは仏様の教え、真理の一部分を体現できる位です。さらにそれが極まったところが、究竟即《くきょうそく》、つまり完全な悟りの段階です。

このように仏道修行には、発心から究竟即まで六段階があるのです。せめて、そのうちの相似即にまで行かなければ、私は比叡山から下りない、という固い決意表明です。

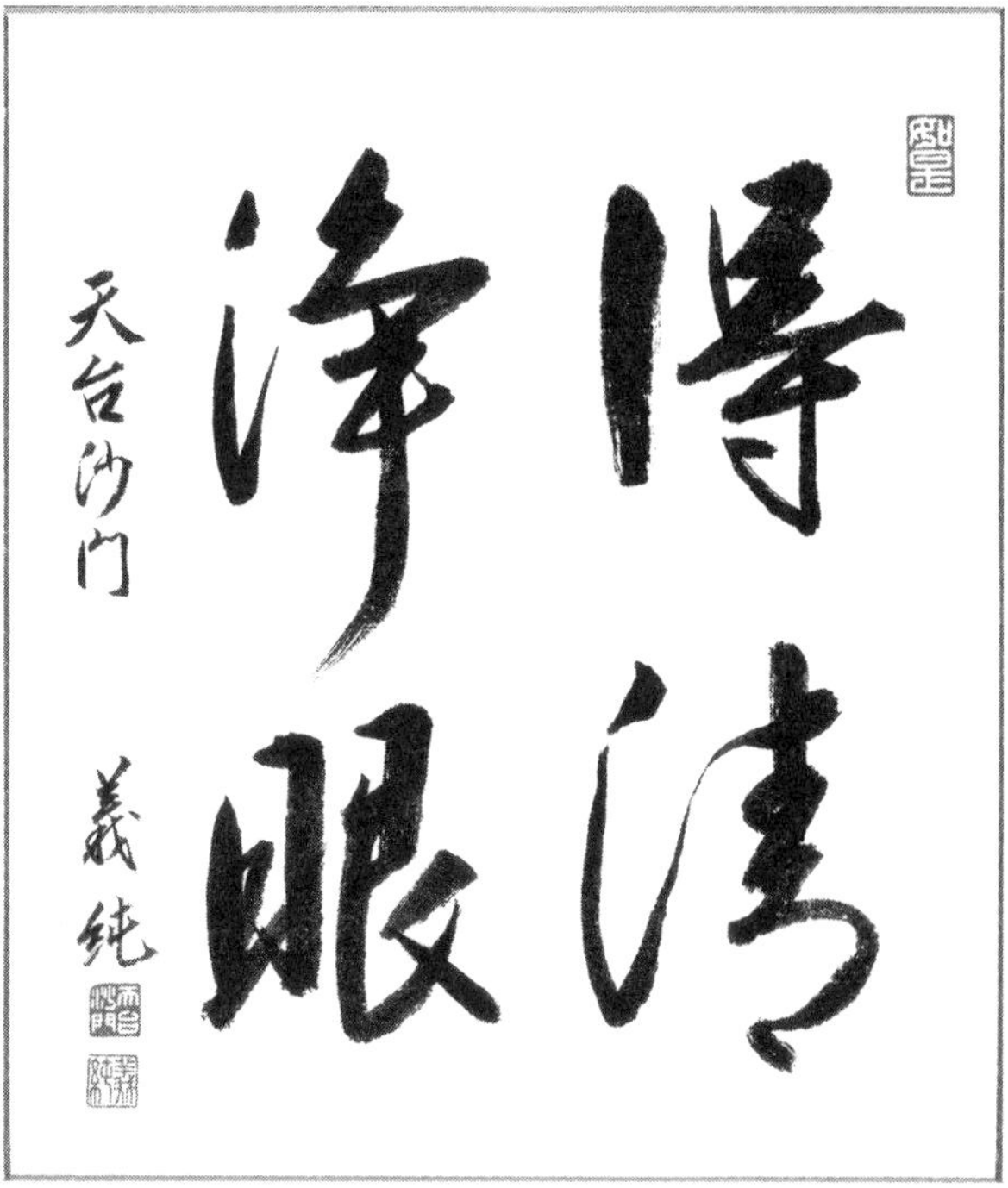

得清浄眼（清浄《しょうじょう》の眼《まなこ》を得《う》る）
物事の本質を見る眼、すなわち諸法実相を見る眼を得ること。
『願文』にある六根相似の位（仏とほぼ同じ位）を得たこと。

浄仏国土と衆生成就の誓い

未《いま》だ理《り》を照《て》らすの心《こころ》を得《え》ざるより以還《このかた》才藝《さいげい》あらじ。

そして、具体的にはどんな誓いを立てたかというと、真理を体得しないかぎり、才芸、いわゆる仏教以外の芸術や音楽などには関心を持ちません。

未《いま》だ浄戒《じょうかい》を具足《ぐそく》することを得《え》ざるより以還《このかた》檀主《だんしゅ》の法會《ほうえ》に預《あずか》らじ。

戒律をきちんと守れないかぎり、お檀家さんなどの法要に出てお布施をもらったり、後のご馳走になったりはしません。

未《いま》だ般若《はんにゃ》の心《こころ》を得《え》ざるより以還《このかた》世間《せけん》の人事《じんじ》の縁務《えんむ》に著《じゃく》せじ、相似《そうじ》の位《くらい》を除《のぞ》く。

般若とは仏様の最高の智慧。これを身につけなければ、国の政治や社会の悩みといったものに対して、関わりを持ちません。ただし、六根相似になれば、別です。

三際《さんさい》の中間《ちゅうげん》に修《しゅう》するところの功徳《くどく》は獨《ひと》り己《おのれ》が身《み》に受《う》けず、普《あまね》く有識《うしき》に回施《えせ》して悉《ことごと》く皆無上《みなむじょう》菩提《ぼだい》を得《え》せしめん。

三際とは過去、現在、未来のこと。すなわち、長い修行の結果得た功徳は、自分だけで受けるのではなく、有識つまり多くの心ある人々に対してそれをお分けして、みんなが悟りの結果を得られるようにしたい。最澄はのちに「己を忘れて他を利するは、慈悲の極みなり」という言葉を残していますが、こういうところに原点があるのです。

伏《ふ》して願《ねが》わくは、解脱《げだつ》の味《あじ》獨《ひと》り飲《の》まず、安楽《あんらく》の果《か》獨《ひと》り證《しょう》せず、

自分が悟りを得た場合には、その功徳を一人占めしない。安楽の果というのは、ただらくちんな生活というのではなく、煩悩を鎮めた心静かな状態です。そういう状態を自分だけでなく皆にも体験してもらいたい。

法界《ほうかい》の衆生《しゅじょう》と同《おな》じく妙覺《みょうがく》に登《のぼ》り、法界《ほうかい》の衆生《しゅじょう》と同《おな》じく妙味《みょうみ》を服《ふく》せん。

この宇宙の生きとし生ける皆さんと一緒に妙覚に登る。すなわち仏の最高地位に登り、その結果である最高の境地、すなわち妙味を共に味わいたいというのです。この皆と共に、というところが大切なのです。

若《も》しこの願力《がんりき》に依《よ》りて、六根相似《ろっこんそうじ》の位《くらい》に至《いた》り、若《も》し五神通《ごじんずう》を得《え》ん時《とき》は必《かなら》ず自度《じど》を取《と》らず、正位《しょうい》を証《しょう》せず。一切《いっさい》に著《じゃく》せざらん。

そして、この私が願を立てて修行をして、その力で六根相似の位に至って五神通を得たとしても、自分だけが正位、仏様の位で悠然としてはいません。自度、自分だけを救って満足だなどとは思いません、皆さんにその功徳を差し向けます。そして、すべてのものに執着を持ちません。

願《ねが》わくは、必《かなら》ず今生《こんじょう》の無作無縁《むさむえん》の四弘誓願《しぐせいがん》に引導《いんどう》せられて、

四弘誓願とは、「(一) 衆生無辺誓願度、(二) 煩悩無尽誓願断、(三) 法門無量誓願学、(四) 仏道無上誓願成」の四つの願いです。(一) すべての人々を救うために、(二) 悩みを断ち切り、(三) 八万四千あるという広い深い仏の教えを学び、(四) 仏道修行して最高のさとりを得まし

ようという誓願に導かれることによって、

周《あまね》く法界《ほうかい》に旋《めぐ》らし遍《あまね》く六道《ろくどう》に入《い》り、

六道とは地獄・餓鬼・畜生・修羅・人・天をいいます。我々が輪廻する六つの世界です。私はこの六つの世界をめぐり、地獄で困っている人を救い、餓鬼すなわち飢えている人を救い、畜生のように欲にさいなまれている人を救い、阿修羅のごとく理性を忘れて争いの世界に堕ちている人も救おうという決意です。

仏国土《ぶっこくど》を浄《きよ》め衆生《しゅじょう》を成就《じょうじゅ》して、未来際《みらいさい》を尽《つ》くすまで恒《つね》に仏事《ぶつじ》を作《な》さんことを。

仏国土を浄める。なぜ仏国土を浄めるのか。仏の国ならもう浄める必要はないのではと思います。実は仏様の国と書いてありますけれど、これは我々の衆生世間、我々が生きている、この場所のことをいうのです。この悩み、苦しみの多い世界。これが実は本当は仏国土なのです。しかし私たちは煩悩のためにそれに気がつかないのです。

冒頭に申しました「悠々たる三界は純ら苦にして安きこと無く……」、苦しみというのはどうしてもなくならないのです。煩悩もなくなりません。ところが煩悩即菩提という言葉があるとおり、修行をした人、仏様の眼からみると、この苦しみの世界は苦があるからこそ、同時に覚りの世界でもあるのです。

しかし我々はなかなか苦しみを楽としては受けられません。ああ、あの苦しみがいま役立っているな、とは我々はなかなか思えないのです。実は苦しみがあるからこそ、今まで見えなかった真実が見えてくることもあります。仏様は五神通をお持ちですから、わかっているわけです。

普通はお寺にお参りして、法話を聞いて、いい話だ、ありがたいありがたいと思いながらも、一歩寺の外へ出ると、ああいい天気だ、そうだ孫になにか土産を買って帰るか、なんて頃には、もう法話のことは忘れてしまっているものです。

それは止むを得ないことなのですけれども、その時に必死に何かを求めている気持ちがあれば、同じ話を聞いても、ああそうだったか、ということで、苦が楽に変わる転機となることがあるのです。これは仏様がぽっと肩を押してくださった瞬間です。

ですから、本来はこの世の中は仏国土なのです。しかし私たちの心が曇っているので、この世は苦しみが多く、穢土とか苦海とか表現されることが少なくありません。仏国土を浄めるとはその心の曇りを払うことをいいます。

この世の中捨てたものではないな、あんなにいやだいやだと思っていたけれども、そうか、そういうことだったのか、と新たな気づき、発見がある。そういう仏国土を浄めるお手伝いを自分はしたい、と最澄は、述べています。

本来は生きとし生けるものはすべて、それぞれこの世に生まれた意味があるのです。ところが、社会常識やその時代時代の尺度があって、それにはまらない人はあまり役に立たないといわれたり、生きがいを感じにくいことがあります。

ところで、生まれてきた目的、意味というものを自分で感じられ、納得した人生を送ることが出来ることを、衆生が成就するといいます。その時にこの穢土といわれる我々の生きている世界が、浄土すなわち仏国土に変わる。そういう衆生の成就をお手伝いしていこうじゃないか、永遠にこういう仕事をして、人を助けていこうではないか、という大変な「願」を起こしたのです。

願文を生きる

そこで私たちが気になりますのは、これだけの広大無辺な願を発して、本当に実践できたのだろうかということです。

この『願文《がんもん》』はたいへん素晴らしいという噂が、やがて朝廷まで聞こえます。当時、僧綱《そうごう》という官位にあってお坊さんを管理統括していた高僧で、内供奉十禅師《ないぐぶ》の一人である寿興《じゅこう》という人の耳に入りました。内供奉十禅師というのは、朝廷の中にある内道場にあって、祈禱のため出仕したり天皇の相談に与《あずか》るなどの役をする十人の高僧です。

だから、きっと桓武天皇の知るところにもなったと思います。比叡山には若いけれども、素晴らしい願を立てて修行をしているお坊さんがいる。内供奉十禅師の一人に、最澄をぜひとも将来加えようではないかという話がもち上がります。やがて最澄は内供奉十禅師に選ばれ、山を下りるのですが、それは比叡山に籠もってから十二年後のことです。

最澄は三十一歳のときに、「未だ無漏《むろ》の法性身を得ざるといえども、しかもさきに六根清浄を得る」といっています。

法性身というのは、仏陀と同じ位。自分はまだ仏様と同じ完全な悟りの位に登っていないけれども、六根は清浄になり、すなわち六根相似の位を得ることができたと宣言しています。そこで内供奉の禅師に推挙されたときには、『願文』に誓った約束を成就できたと判断して、山を下り社会活動にも取り組み始めるのです。

この『願文』はたいへん中身の深い内容ですけれども、一番の根幹はやはり高い志にあります。そして最澄は、この誓願通り日本仏教の旗手として仏教界に新風を送り続けたのです。すべての人が仏になれるという一乗仏教の道場として、比叡山を仏教の一大センターにしました。さらに仏教のみならず、文学、絵画、彫刻、書道をはじめ国風文化の形成に大きな影響を与えたのです。

この『願文』は、けっして平坦ではなかったけれども、真摯で、非常に中味が凝縮された最澄の一生そのものを彷彿とさせるものがあります。

Ⅱ

円仁の夢――天台仏教の大成者

慈覚大師円仁《えんにん》というと、一般的には世界三代旅行記の一つである『入唐求法巡礼行記《にっとうぐほうじゅんれいこうき》』の作者として有名です。この本はかつてアメリカの駐日大使も務めた、ハーバード大学教授ライシャワー博士が研究、英訳して発表したので、一躍世界中に知られるようになりました。

しかしながら、円仁が歴史上文化史上に残した業績は、それに留まるものではありません。伝教大師の高弟である円仁は、比叡山仏教の大成者であり、そのことが、日本仏教はもちろん、日本の文化芸術に大きな影響を与えたのでした。

さて、比叡山は平安時代の初頭、伝教大師最澄によって新仏教の道場として開かれました。しかし伝教大師は弘法大師空海と異なり、当時、国の宗教政策を牛耳っていた奈良仏教からの完全独立をめざしました。一方では法華円教を中心とする、密教も包含した一乗仏教としての総合的な仏教哲学の構築も、喫緊の課題でありました。

ところが、この二つの大事業を完成させるには、伝教大師の生涯は短かすぎたといえるでしょう。そして後事を託されたのが円仁だったのです。

最澄と出会う――その前半生

円仁の生誕は延暦十八年（七九四）で、これは平安京に都が移された年です。さらにこの年、比叡山に桓武天皇が行幸され、根本中堂の落慶初度供養が盛大に挙行されました。このことは、円仁が新時代に比叡山を中心に大活躍する予兆が秘められていたといっていいでしょう。

円仁は下野国《しもつけ》都賀郡《つがのごおり》（現在の栃木県下都賀郡岩舟町）あたりで生まれたようです。父親は地元の関所の長官（三毳《みかも》駅駅長）で、大慈寺という大きな寺の有力檀越《だんおつ》である長者でした。

大慈寺の住職は広智《こうち》といい、その地域では広智菩薩と呼ばれて尊敬を集めていました。広智は、伝教大師の求めに応じて経典を二千巻書写して比叡山に送った東国の化主《けしゅ》といわれた道忠の弟子であり、鑑真和上の孫弟子に当たる高僧です。この広智との出会いが、その後の円仁の生涯を導くきっかけとなるのでした。

円仁は九歳になると、大慈寺の広智のもとに預けられました。伝記には誕生の時、家の上空を紫雲が覆ったが、家人は誰も気づかず、遠く大慈寺から広智がそれを眺め、何か良い知らせであろうと思ったといいます。そして円仁の誕生を知ると、広智は、大切に育て大きくなったら寺に預けるようにすすめたのでした。

大慈寺に入ってから円仁は、ある時こんな夢を見ました。立派なお坊さんが円仁に近づいて頭をなでながら、静かに話しかけるのです。すると側にいたもう一人のお坊さんが「この方は比叡山の最澄様ですよ」と教えてくれて、驚いたところで目が覚めました。

伝教大師最澄のことを尊敬していた広智は、日頃から大師の話を弟子たちにしていたのに違いありません。円仁にとってこの夢はとても印象的で脳裡に深く刻み込まれました。その後、円仁は、人生の岐路に立たされると、不思議なことに必ず夢を見ました。さらにその夢の暗示するところに従って進むと、困難な道も開かれていくのでした。

現代人は夢のお告げなどというと、信じる人も少ないかも知れません。しかし心理学者のユングは、夢は個人の私的な体験や抑圧された欲望にもとづくものだけでなく、その人間が関係する運命共同体、あるいは人類全体とのかかわりを通じて、多くの人々に影響を与えるものもある、と言っています。

そう考えると、夢には、宗教的に大きな意味があるものもあるといえるのではないでしょうか。そして円仁の見た夢は、ある意味で仏の声とも受け取ることができるでしょう。

広智は、円仁から伝教大師の夢を見た話を聞くと、円仁を比叡山に連れていく決心をします。幼少の頃から非凡な片鱗を見せている円仁を伝教大師に託し、将来日本の仏教を担う立派な僧侶になってほしいと願うとともに、そう確信したのでした。

そして広智が夢の話を聞いた翌年、円仁十五歳の時、比叡山行きが決行されました。大慈寺から比叡山まで約七百キロの道のりですから、当時は難儀をきわめたでしょう。かつて先祖が西国より移り住んだ時に利用した水路を主に使ったのかもしれません。

比叡山に辿り着いた円仁は、早速、伝教大師と対面することになります。するとそのお顔が夢に見た最澄様、すなわち伝教大師とそっくりなので、本当に驚きました。そしてこの出会いに運命的なものを感じたのでした。

やがて円仁は二十一歳で得度しますが、この得度式はかつて伝教大師が延暦二十五年（八〇六）、朝廷より正式に認可された、年分度者の制度（国家によって僧侶を養成する制度）にもとづくものでした。

ですから、得度式は宮中で嵯峨天皇臨席のもとに行われ、得度者は十二人でした。その内訳は天台業《ごう》が二人、華厳業二人、律業二人、三論業三人、法相業三人です。円仁には天台業のうち、法華円教を学ぶ止観業が割り当てられました。その二年後には、奈良東大寺戒壇において具足戒（小乗戒）を受け、いよいよ大僧《だいそう》（国家公認の正式僧侶）としての道を歩み出したのでした。

その後の円仁は伝教大師の東国巡礼につき従い、布教活動の大切さを身をもって体験しています。また故郷の大慈寺にも九年ぶりに立ち寄ることができ、広智との再会を果たすとともに村人たちに温かく迎えられました。伝教大師にとっては、すべての人々が仏となれる一乗仏教を全国に広げることが悲願でしたし、その重要性を円仁はじめ弟子たちに教える旅でもありました。

しかし晩年になると伝教大師は、比叡山に大乗戒壇を設立することに、すべての力を傾注しました。一乗仏教を広めるためには、従来の小乗戒ではその目的を達成できないからです。

かつてカンボジアは内戦状態になり、ポルポト政権下で多くの知識人が虐殺され、僧侶も大勢殺害されました。その結果、たくさんの難民が生じ、悲惨な状況におかれました。日本の仏教界も難民救援や、仏教復興や教育支援のために積極的に乗り出しました。

その中で日本の僧侶であるAさんは、カンボジアに渡り現地で小乗戒を受け、カンボジアのお坊さんになって、救援活動に従事しました。カンボジアの僧侶の資格を取ることで、僧院にも自由に出入りできるし、難民救援や荒れた僧院の復興の手伝いがしやすいと考えたのです。

ところが現実は逆でした。小乗戒とは自分の生活を厳しく律し、悟りを求めて修行するのには適していますが、寺院を修理するために労働をしたり、救援のために物資を調達したり、農作業をすることが許されません。そこでAさんは救援事業を続けるために、カンボジア僧であることを仕方なく止めたということです。

このように小乗戒と大乗戒の基本的な違いは、小乗戒は自己の悟りを求めること、いわゆる自利行を最大の目的として制定されていますが、大乗戒は、自らの悟りを求めながらも、他者に対して救いの手を差しのべる利他行も行う目的で定められているということです。

ですから小乗戒は極力、一般社会と一線を画する生活を送るように定められています。それに対し、大乗戒は一般社会と積極的にかかわりを持ちながら、一般社会の生活に流されないように心の戒めを中心としているのです。伝教大師が求めたのは、「己を忘れて他を利するは慈悲の極みなり」とその言葉にもある通り、大乗戒そのものであったのです。

そこでどうしても、既存の東大寺をはじめとする三戒壇のいずれかで小乗戒を受けて一人前の国家公認の僧侶となるのとは別に、大乗菩薩僧を養成する大乗戒壇設立への道を開かなければなりませんでした。

ところが、奈良仏教勢力の強い反対にあい、伝教大師は大乗戒壇設立の勅許を得られないまま、病の床に伏してしまいます。そして弟子たちを枕元に集め、悲痛な想いで次のような遺戒を残し、後事を託してこの世を去りました。


我れ鄭重《ていちょう》に此の間に託生して、一乗を習学し、一乗を弘通《ぐずう》せん。若し心を同じうせん者は、道を守り、道を修し、相思うて相待て。

私は何度もこの国に生まれかわり、一乗仏教（天台の教え）を学び弘めるつもりである。どうか志を同じくする者は、私のことを思い待っていてほしい。

病床に伏してもなお衰えぬ、大乗戒壇設立に対する伝教大師の鬼気迫る悲願は、たびたび高弟光定によって朝廷に伝えられていました。そしてついにその訃報が届けられるに及んで、嵯峨天皇も奈良仏教の反対を押し留め、比叡山延暦寺に大乗戒壇設立を勅許したのでした。勅許の使者が比叡山上に到着したのは、伝教大師の初七日のことでありました。

円仁に託されたもの

このように天台宗は、ようやく奈良仏教から独立して、国家公認の僧侶を独自に養成することが可能になりました。ところが教学面の充実に関しては、多くの問題が残っておりました。特に密教に関しては、弘法大師の密教に大きく遅れをとっていました。

もちろん伝教大師は中国で密教も学びましたが、本来の目的は天台山において、天台仏教の正統な後継者としての証明を受けることでした。これを血脈相承《けちみゃくそうじょう》といいます。ですから中国へは還学生《げんがくしょう》として派遣され、その滞在許可も一ヶ年であり、長安へ行くことも、密教を十分学ぶ時間的余裕もありませんでした。還学生とは、すでに日本で相当なレベルに達している者を、その完成のために派遣する制度です。

ところが弘法大師は留学生《るがくしょう》といって、二十年間の滞在許可をもらい、基礎から勉強する制度に基づいて、中国に派遣されたのです。そして当時密教が盛んであった長安へ行き、第一人者の恵果《けいか》の弟子となって研鑽を積んで帰国したのでした。

伝教大師は空海が留学期間を切り上げ、密教に関する豊富な知識を携えて帰国したことを知ると、協力を求めました。伝教大師は、中国に渡って密教の深淵な哲学に触れ、そこに一乗仏教としての価値を認めていたからです。そして一乗仏教を体系化し、総合仏教としての哲学を構築しようと考えていたのです。

ところが残念ながらいろいろな経緯《いきさつ》があり、空海に協力を断られてしまいました。それだけではありません。空海は密教こそ、法華円教よりはるかに優れた教えであるという密教哲学を発表しました。当時は朝廷をはじめ貴族の間では、急速に密教に対する関心が高まっていました。

一方、比叡山仏教は密教に関する知識や経典類が十分でないため、反論もできず次第に劣勢な立場に追い込まれていったのです。ですから、この問題を解決することが、のちに比叡山仏教の最大の課題ともなっていきました。

病に伏す伝教大師が諄々と述べる遺戒《ゆいかい》に、その枕元で耳を傾け、静かに息を引き取るのを見守っていた弟子たちの中に、当然、円仁の顔もありました。円仁は、大慈寺で夢に見た伝教大師の顔と、比叡山で実際に初めて会った顔がそっくりであったこと。自分がこの世に生まれた時、伝教大師は二十九歳であり、その師匠がこの世に別れを告げるとき、自分が同じ二十九歳であること。さらに自分だけが伝教大師より止観業（天台仏教）の奥義である「一心三観《いっしんさんがん》」の

慈覚大師円仁画像（一乗寺蔵）

伝法を受けたことなどを思い浮かべ、伝教大師との特別な絆を改めて感じたのでした。
そして、伝教大師の理想を生命をなげうってでも完成させることが、自分の使命であると自覚を新たにしたのでした。

円仁はまず十二年間の籠山行《ろうざんぎょう》に入りました。それは、比叡山に大乗戒壇が公認されると同時に、伝教大師が自らの経験に根ざして発案した十二年の間、比叡山に籠りひたすら仏教修行する、いわゆる籠山制度が、大乗菩薩僧の養成課程として公式に認可されたからです。またこのことが、まだ若い円仁にとって一番、伝教大師の心に添う方法であると思われました。

ところが籠山行に入ってから六年も過ぎようとするころ、円仁の周辺は次第に騒がしくなってきます。比叡山ではせっかく大乗戒壇が認められたので、文字通り先頭に立って新仏教の意義を対外的に弘める指導者が、どうしても必要となってきました。そこで円仁に白羽の矢が立てられたのです。

円仁は籠山行に入る以前に、すでに伝教大師から直々に天台仏教の極意を授けられるなど、その器量には誰もが期待していました。再三の要請に円仁も断れず、止むを得ず籠山を中断することを決意、朝廷の許可も得られたところから、布教の先頭に立つことにしました。法華一乗を説く天台仏教を日本中に弘めることは、伝教大師の願いでもあったからです。

山から下りた円仁はまず奈良へ向い、法隆寺で『法華経』を、翌年には四天王寺で『法華経』と『仁王経』などを講義しました。これらは国からの要請による公式な仏教講座で、各宗が競って優秀な講師を派遣します。そこで天台宗は円仁を代表選手として送り込んだのでした。

さらに円仁は、伝教大師が生前に足を踏み入れることができなかった東北地方にまで、巡《じゅん》錫《しゃく》の足を延ばしました。この間、故郷の栃木県はもとより、青森や岩手県の方まで、精力的に布教活動を続けたのです。今でも慈覚大師円仁が開基となったり、またゆかりの寺が、中尊寺や山寺はじめ六百ヶ寺近く残っています。さらに円仁の布教は、単に一乗仏教のすばらしさを説くばかりでなく、農業などに関する豊富な知識で、地域の殖産興業の発展にも尽くしました。

ところが円仁は、布教の成果はあがったものの、過労がたたったのか、病を得て失明の危機にさらされてしまいます。四十歳のときでありました。病状は悪くなる一方で、円仁は死を覚悟するほどでした。そこで円仁は、比叡山の北のはずれの横川の地を選び、小さな庵を結んで療養に専念することにしました。また療養の間、可能な限り瞑想に努めました。

横川に隠棲してから三年の歳月が経ったある晩、円仁がいつものように禅定に入り、瞑想にふけっていると「これは不死の妙薬である」という声がしました。そして瓜に似た果物を何者かに渡されたのです。円仁がそれを食べると、とても甘く、なんともいえぬ芳しい香がしました。その日を境に、円仁は目を見張るような回復ぶりを見せていきました。

円仁という人は不思議な人です。人生の岐路にさしかかると必ず夢を見るのです。そしてその夢の指図に従って、新しい人生を切り開いてきました。いずれも茨の道でありましたが、それを自らのじわじわと湧き出る泉のような求道心によって、一つひとつ乗り越え、大きな足跡を残していったのです。

円仁が横川での闘病生活から、夢告によって奇蹟的に脱出して間もなくのことです。今度は伝教大師の夢を見ます。伝教大師は夢の中で円仁に次のように頼むのでした。

「円仁よ中国に渡り、しっかり仏教を学んできてほしい。船旅は苦しいし危険である。しかし十分学ぶ時間のなかった私に代わって、法のため人々のために、よろしく頼む」。

円仁がこのような夢を見て数日後のことでした。朝廷から使者が来て、円仁が正式に請益僧《しょうやくそう》に選ばれたことを伝えました。請益僧とは、還学生ともいい、遣唐使とともに中国に渡り、一ヶ年間勉学をして、再び遣唐使と一緒に帰る短期留学生のことです。

伝教大師が入唐した時と同じ資格でした。円仁にとってこの知らせは突然のことであり、一方、病気の回復から日も浅く、入唐となると体力に自信が持てませんでした。そこでいったんは辞退をしましたが、不思議なことに、それからたて続けに円仁は伝教大師の夢を見るのです。

ある時は「求法の旅には粗末な恰好でいきなさい」。またある時は「天台仏教は中道、密教は天部を学べ」というものでした。こうなると、円仁は入唐を断るわけには行きません。一度は病によって失いかけた命です。それに伝教大師に対する報恩の旅でもあります。そう考えると、もう円仁には恐れるものがありませんでした。

伝教大師のところでも触れましたが、当時の航海技術では、遣唐使船に乗って海を渡ること自体、命懸けのことでした。聖徳太子の時代、小野妹子が大使として隋に派遣されましたが、その頃日本は朝鮮半島の国々と友好関係にありました。そこで船は朝鮮半島に沿って北上したので、暴風雨に曝されてもすぐに港に避難することができたのです。それゆえ、比較的海難事故に遭わずにすみました。ところがその後、新羅が半島を統一すると、日本との外交関係が悪化して、朝鮮半島沿岸の航行が困難となりました。やむなく遣唐使船は、東シナ海を一気に横切って中国をめざしたのです。

当時の航海技術では、外洋の荒海である東シナ海を渡ることは、すべて天候次第で運を天にまかせるような状況でした。ですから遣唐使船の船団構成も、万一のことを考えて四隻と、初期の二隻から二倍になりました。それは、往路で五割の確率として二隻が無事到着し、復路はその二隻のうち一隻の帰国が叶えば目的が達せられるという考え方です。現代から見ればずいぶん乱暴なやり方ですが、そこまでしても大陸の文化を吸収する意義を評価していたのです。

円仁の入唐

さて円仁は八三六年、いよいよ九州の太宰府を出港しました。ところが間もなく嵐に遭って引き返します。この時は第一船が難波、乗員百四十人のうち生存者は二十八人という悲惨なありさまでした。そして第二回目も失敗、ついに八三八年六月、三度目の渡航でやっと中国大陸にたどり着くことができました。

そのうえ第一回目で難波した第一船は補充されず、船団は三隻のままでした。ですから、安全を期待して大きな船を希望したのに乗れなかった遣唐副使の小野皇《おののたかむら》は、副使を辞退し下船してしまったほどでした。このように入唐も大変でしたが、帰国も容易でないことが想像されます。

円仁自身も無事、故国の土を踏むことはできたものの、それは一緒に入唐した遣唐大使が先に帰国してから、なんと八年後の八四七年（承和十四）のことでした。それも新羅の商船に乗せてもらい、やっと帰ることができたのでした。なぜならば、円仁一行が乗船した遣唐使船が最後の派遣となり、それが帰還したあとは、日本からの迎えの船が来なかったからです。

さて、円仁が乗った船は、なんとか東シナ海の荒海を乗り切り、日本を出発して十五日目、揚州に近い堀港というところに到着しました。そして揚州において、別の港に流されて到着した遣唐大使一行と合流、中央政府の指示を待つことにしました。すなわち、皇帝を表敬するため長安に向かう遣唐大使一行と、求法のために天台山をめざす円仁一行は、それぞれ移動するには政府の許可が必要だったのです。

円仁は比叡山を出発するに当たって、天台山へ着いたら高僧から答をもらうべき天台教学に関する二種類の質問書を携えていました。それは「寺家《じけ》未決」と「修禅寺未決」です。「寺家未決」とは、伝教大師の死後許可された比叡山上の大乗戒壇で、はじめて戒師となって大乗戒を授けた円澄がまとめた質問書です。一方「修禅寺未決」とは、伝教大師の通訳として一緒に中国に渡った義真がまとめた質問書のことです。

円仁はすぐさま天台山へ行きたいのですが、なかなか許可が下りません。中国に到着して三ヶ月後の十月四日になって、やっと遣唐大使の一行のみが長安行きを許可されたのです。揚州に留め置かれた円仁は、開元寺に滞在し、この地が鑑真の故郷であり仏教も盛んであるところから、まだ日本に将来されていない仏典の収集や写本に力を注ぎました。さらに嵩山院《こうざんいん》の全雅《ぜんが》という密教の高僧から金剛界の大法を学びました。ところが、天台山行きの許可が下りないまま、とうとうその年は暮れてしまいました。

やがて、長安に行き皇帝に謁見して使命を果たし終わった遣唐大使から、楚州で待っているから来るようにとの知らせが届きました。そこで円仁一行（弟子の惟正《ゆいしょう》と惟暁《ゆいぎょう》、水夫の丁雄万の三人）は、天台山行きの許可が出たのではないかと思い、急いで楚州に向います。それは二月も末のことで、すでに入唐してから半年以上も経過していました。

ところが、楚州で再会した遣唐大使の口から聞いた言葉は、「天台山行き不許可」の知らせでありました。滞在が一ヶ年しか許可されていない請益僧が、残りの半年程度では、とうてい天台山を往復し、勉強してくるのは不可能であるというのです。当時、外国人の不法滞在にはとても厳しかったようです。

こんなことなら最初から目的地を長安にして、遣唐大使とともに長安に行き、いま全盛を迎えている密教を少しでも学べば良かった、と円仁は何度も思ったに違いありません。一方、留学僧として長期滞在をめざし、ともに日本から来た円載には、天台山行きの許可が下りました。そこで円仁は比叡山からの質問状を円載に預け、すべてを託したのでした。

伝教大師の願い、さらには同胞の期待を一身に担って入唐した円仁は、揚州で経典を収集したり、密教や梵字の勉強もしましたが、天台山も長安も見ずに帰国しなければならなくなってしまったのです。円仁の心中は無念の一語につきます。特に伝教大師の密教は、長安の都も見ないで学んで来た「田舎密教」であると、真言宗側から批判されているのを聞いている円仁にとって、とうていこのまま帰国するわけにはいきません。

しかし、今の円仁の立場ではどうすることもできないまま、ただいたずらに時が経っていきました。仕方なく円仁は、揚州で収集した経典類の目録を作成しましたが、なんとその数、一九八巻にも及びました。さらに曼荼羅や仏具もかなりの数になりました。そのうえ密教や梵字に精通している高僧から学ぶなど、七ヶ月の間に相当な成果をあげたといえるでしょう。

実際、円仁とともに入唐を果たした真言宗の円行や三論宗の常暁は、後に入唐八家《にっとうはっけ》（平安前期に入唐して密教をもたらした高僧八人）として、最澄、空海、円仁らとともに尊崇されています。ですから円仁がこのまま帰国したとしても、批判されるどころか、かならずや高い評価を得たことでしょう。ところが円仁は、けっしてその結果に満足していませんでした。

八三八年三月、とうとう円仁は遣唐大使らとともに帰国船に乗り込みました。しかし「このまま日本に帰って本当にいいのだろうか」という問いが、何度も円仁の心に湧いてきます。

そして、「一度、死の淵まで追いやられたこの命を、再び蘇らせてくれたのは、求法の目的ではなかったのか。そうだとすれば、どんな危険を冒してでも、伝教大師の悲願達成のため、中国における最高の先達から仏教を学ばなければ、帰国するわけにはいかない」という結論に達しました。

円仁は決意を固め、船が大陸に沿って北上し、次の港である海州に到着すると、遣唐大使に下船の許可を願い出ました。円仁の申し出に大使は驚きますが、求法のための固い決意を聞くと、許可せざるを得ませんでした。さらに、円仁の人を包み込むような暖かく大らかな人柄が、きっと求法の旅に役立つであろう、と大使は確信しました。そして黄金二十両を旅費として円仁に渡したのです。

いよいよ円仁は下船し、弟子二人と通訳一人、合わせて四人で求法の旅に出ます。また遣唐大使に迷惑をかけられないので、四人は船に乗り遅れてしまったことにしました。ところが現実はままならないものです。円仁一行と出会った中国の役人は、円仁たちが船に乗り遅れたことを知ると気の毒に思い、不法滞在にならないように、八方手を尽します。ついに遣唐使船の一隻が、風待ちのためまだ港にいることを突き止めると、円仁一行をその船に送り届けてしまったのです。

円仁の計画は万事休すです。あらゆる手立てを講じたものの、これ以上、中国に滞在して法を求めることは全く不可能になってしまいました。心身ともに疲れ果てた円仁は、船上で食事も咽を通らないほど憔悴してぼんやりとしていました。これから船は一気に大海を横切り日本へ向かう予定でした。ところがサッパリ風が吹きません。そこで遣唐使船団は沿岸を北上、山東半島の突端の赤山《せきざん》付近に停泊して、順風を待つことになりました。

ところが、なかなか出港できる状態になりません。そこで円仁一行は、上陸して赤山の法華院を訪れました。唐土を踏むと、再び円仁の心になんとしても求法の目的を果たしたいという強い気持ちが起きてきました。一方、遣唐大使もその気持ちを察して、順風が吹きはじめると円仁一行が乗船しないまま出帆し、帰国の途につくことになりました。そしてついに円仁の中国求法の旅が本格的に始まるのでした。

苦難の求法の旅

中国に残った円仁一行は、まず赤山禅院で八三九年の冬を過ごすことになりました。旅の途中で冬になれば、厳しい寒さのため旅を続けるのは困難ですし、そのうえ公験《くげん》（旅行査証）がないので、役人に見つかればすぐ投獄されてしまうからです。求法のために、自ら決断して残留したものの、前途には数々の障害が横たわっていることを、円仁はひしひしと実感しました。

それでも法華院の僧たちから仏教の霊地である五台山や長安の話を聞くと、いてもたってもいられなくなりました。天台山は赤山からあまりにも遠いこと、それに対して五台山は比較的近く仏教が盛んであること、さらにそこには天台山から高僧が来ていることなどを知ります。

そこで円仁は、まず五台山を訪れ、さらにその後、長安まで足を延ばし、密教を学ぼうと秘かに心に決めます。比叡山から託された質問集はすでに円載に預けてあるので、その答を五台山か長安に届けさせることも不可能ではありません。

それより円仁にとって、伝教大師が最も期待した最新の密教哲学を身につけるとともに、それを天台教学の中にどのように位置づけるかが最大の課題でした。そのためには、天台山へ行くより、長安へ行くことの方が目的を果たせると円仁は考えたのでした。

法華院の僧たちや、そこの信徒である新羅の役人たちは、円仁の考えを聞くと、献身的に協力を惜しみませんでした。そして旅行ができるように、仮の公験を手に入れるために奔走してくれました。不法滞在者が公式の公験を入手することは容易なことではありません。円仁は中国の求法の旅で、実に多くの人々の協力を得ます。特に新羅人の協力は、目を見張るものがあります。

その多くはやはり円仁の人柄によるものではないでしょうか。さらに円仁が育った土地と朝鮮半島とのつながりも大きな要素になっているのではないかと思われます。すなわち円仁が生まれた岩舟の辺りは、近畿地方の渡来人が難波の港を出て、茨城の鹿島に上陸して移り住んだ土地といわれています。それゆえ円仁は大陸文化の影響を受けて育ったと思われるからです。円仁は八四〇年二月、いよいよ五台山へ向けて出発します。さらには途中の青州では、やはり新羅の役人の協力によって、ついに正式な公験を公布されるのです。これで五台山にも長安にも、堂々と旅行ができることになりました。

赤山から五台山までは一千二百キロの道のりがあります。それをなんと一日に三十キロから四十キロの速さで円仁一行は進みました。まさに驚くべきスピードです。そしてついに二ヶ月を費やして五台山にたどり着きました。その道中の艱難は並大抵ではなかったことが、円仁の著書『入唐求法巡礼行記』に記されています。

やはり五台山は、期待に違わずすばらしい文殊菩薩の霊地でした。五台山は中国山西省東北部にある五つのなだらかな山で、中央の山を東西南北と四つの山で囲むように位置しています。そして五台山は『華厳経』の中に出てくる文殊菩薩の住処である清涼山を彷彿とさせるところから、古い時代から多くの巡礼が訪れる聖地となっていました。円仁は『入唐求法巡礼行記』に、五台山に到着した時のことを次のように記しています。

地に伏して礼拝す。これすなわち文殊師利の境地なり。五頂の円高《えんこう》にして樹木をば見ず。状《すがた》銅盆を覆《くつがえ》すがごとし。遥なるを望むのこころおい、覚えず涙を流しぬ。

ちなみに五台山の台は、正字では「臺」と書き、「うてな」のことですが、天台山の台はこれが正字で、星の名前です。円仁は五台山の中心にある大華厳寺に約二ヶ月滞在し、後に日本天台宗の教学、儀礼、布教の基本を形成する数々のことを学びました。

それから円仁一行は、唐の都である長安をめざしました。長安までは、赤山から五台山までとほぼ同じぐらいで、一千百キロもありました。それでも円仁は、少しも志が揺らぐことなく、一路長安に向かいました。そして八四〇年の八月、円仁一行はようやく長安に入ることができました。

長安は、目的を達成するためには、必ず訪れなければならない場所でした。円仁ははやる心を鎮めながら、役人に指定された資聖寺《ししょうじ》に入り、早速、密教の大家を探すことにします。

ところが当時世界一の大都会といわれ、人口百万人もの長安です。心当たりのない円仁は、資聖寺の僧をはじめ、いろいろな人に密教の高僧について尋ねますが、さっぱりらちがあきません。困惑した円仁が毘沙門天に祈りを捧げると、不思議なことに翌日、僧侶が訪ねてきて多くの密教の大家を教えてくれたのです。

それから二ヶ月の間、円仁は当時最高水準の密教をすべて吸収するべく、脇目もふらず勉学につとめました。さらには密教経典、仏具、曼荼羅などの収集、特に経典の書写には相当な力を注ぎました。そしてある晩、円仁は、曼荼羅が完成したのを伝教大師が大変喜ぶ夢を見ます。

そこで円仁は自分の目的はほぼ達せられたと考え、帰国の準備にとりかかりました。長安に来てから約一ヶ年ほどが経過していました。また秋口に唐の港を出れば順風に乗り、日本に帰国しやすいこともありました。そこで早速帰国のための手続をしましたが、今度はなかなかその許可が出ません。止むを得ず滞在を一年延ばし、新しい高僧からさらに密教を学びました。しかしこの間に唐の中央政府に変化が起きていることを、円仁は知る由もありませんでした。

当時の唐の皇帝である武帝は道教を信じており、道教の僧侶たちの言うことを聞き入れ、次第に仏教僧の取締りを厳しくしていきました。ですから、何度も出国の許可を申請しても認められず、一方仏教への迫害は、外国僧である円仁の周辺にも次第に及んできました。

会昌五年（八四五）、武帝は道教以外の宗教を禁止、特に仏教に激しい弾圧を加える命令を出しました。これをのちに「会昌の破仏」といっています。四千六百余の寺院を破壊、二十六万人の僧侶を還俗させたといわれています。

長安の治安も悪化し、僧侶のままでは身の危険を感じるようになりました。そこで円仁一行も止むなく還俗せざるを得ませんでしたが、皮肉にも一般人の立場になると、外国人を追放したいために公験もすぐに発行されることになりました。

しかし長安から無事脱出できたものの、それから約二ヶ年、円仁は帰国まで苦難の旅を続けることになります。仏教弾圧により頼るべき寺がことごとく破壊されており、赤山に着いた頃にはボロを身にまとうような恰好になっていました。帰国の船便も見つからず、さらに仏教弾圧の中、収集した仏典類はかろうじて新羅人の協力者に隠してもらっているものの、日本へ持ち出すことは不可能でありました。

不安と苦難の旅の中で、ふたたび夢に伝教大師が現われ、「必ず帰れるから安心せよ」と激励されたのでした。円仁は勇気を奮い立たせました。

八四六年三月、武帝が急逝し、宣帝が即位して破仏を撤回するに至り、円仁たちはどうやら僧に戻ることが叶い、急遽、帰国への道が開かれることになりました。そして実に日本を出発して九年目、七千五百キロに及ぶ中国大陸の旅を終えて、八四七年九月十九日、円仁一行はようやく太宰府に帰ることができたのです。

この円仁の中国滞在中の出来事を日記風に記録したものが『入唐求法巡礼行記』です。玄奘の『大唐西域記』は、玄奘がインドから帰国した後に口述したものを弟子たちが記録したものです。またマルコポーロの『東方見聞録』は、読み書きができないマルコポーロが語った話を、聞いた者がまとめたといわれています。

ですから、これらの二書に比較すると、世界三大旅行記といわれる中で、円仁の旅行記は実に正確で、当時の中国の人々の生活ぶりが手に取るように解ります。実際にこの本を頼りに円仁の足跡を辿った歴史研究家の阿南女史は、その著『円仁慈覚大師の足跡を訪ねて』の中で、そのことに驚嘆されています。

天台密教の確立

さて円仁は長安において、大興善寺の元政《げんせい》、青龍寺《せいりゅうじ》の義真《ぎしん》、玄法寺の法全《はっせん》などから密教を学びました。これらの高僧は、空海がかつて学んだ長安青龍寺の恵果《けいか》の法孫にあたる人たちで、当時の中国仏教の最高権威でした。

仏教を顕教《けんぎょう》と密教に分ける考え方があります。顕教とは、人々の機根（能力）のレベルに応じて、言語によって説かれた教えのことで、論理的思考で理解できるものとされています。

一方、密教とは、仏の絶対的悟りの内容は論理を超越しているため、言語で説明することは不可能であるから、人々から隠されている教えだといいます。したがって特別な資格を有した行者が、修法を通してのみ伝えることができるとされます。それゆえ秘密の教え、すなわち密教というわけです。

釈尊は菩提樹下で瞑想に入り、明けの明星を見て豁然と悟りを開きました。その悟りが仏教のはじまりです。しかしその時、釈尊は、自分の悟った内容は深淵で難解であり、論理を超えているので、人々に言葉で説明してもおそらく理解してもらえないだろうと考え、説法しようとはしませんでした。ですから、その悟りの内容そのものは密教といえるでしょう。しかし釈尊は最高神の梵天の三度にわたる要請により、結局、説法をはじめます。釈尊は大勢の人々が理解できるように法を説きました。これは顕教といえましょう。

また、顕教の経典とされている『法華経』の中に「陀羅尼品《だらにほん》」という一章があって、密教で用いる呪文（真言）がたくさん書かれています。さらに空とか無について説いている『般若心経』の最後は、ギャーテイ・ギャーテイと真言で終わっています。

一方、大乗仏教の祖でありインドの小釈迦といわれている龍樹《りゅうじゅ》（二～三世紀頃）は『大智度論』を著しました。その中で龍樹は空の思想や六波羅蜜、大乗菩薩思想などを説いていますが、その第四に「仏法に二種あり。一つには秘密、二つには現示」として、より明確に仏教を説明しています。したがって、密教とはもともと、仏教全体の中に包摂されているのです。

大乗仏教では、現実にこの世に誕生して修行の結果悟りを開いた釈尊を、この世に応現した人格身、すなわち応身《おうじん》としました。そして経典はすべて、応身の釈尊から弟子たちが聞いた、説法集の形式になっています。それゆえ、どの経典も「如是我聞（我は是《かく》の如《ごと》く〔応身仏より〕説法を聞きました）」で始まります。

ところが釈尊の説かれた思想内容は、永遠不変の真理そのままを表しているので、その真理を法身《ほっしん》と名づけました。この大乗仏教の法身の考え方が大きな影響を与え、密教経典である『大日経』や『金剛頂経』が成立します。『大日経』は七世紀の初頭、中インドで成立、一方の『金剛頂経』は、七世紀後半に南インドで成立したようです。ですから天台大師の頃にはまだ中国に伝えられていませんでした。

これらのお経は「如是我聞」の形式をとらず、応身仏でなく法身仏の大日如来が直接、説法をした形になっています。この宇宙の森羅万象がすべて大日如来の働きであり、それは仏の悟りの世界そのものを現わしていると捉えています。

『大日経』では、大日如来の慈悲によって悟りの世界が、あたかも子どもが母親の胎内で育つように完成されていくという、胎蔵界の思想が説かれています。一方の『金剛頂経』では、煩悩を打ち砕く金剛石のごとく堅固なる大日如来の智慧を表す金剛界の思想が説かれています。

これらの密教経典は、成立年代や場所、哲学も全く異なるものでしたが、中国に伝えられると、次第に総合的に扱われるようになりました。さらに法身仏が直接説いているので、究極の仏教であるとして、密教至上主義的な考え方も生まれてくるのです。

特に青龍寺の恵果（七四六〜八〇五）は、『大日経』と『金剛頂経』、すなわち胎蔵界と金剛界の修法をそれぞれ別の師匠から学びましたが、これらを並立的に扱いながらも、一元的な密教として扱いました。さらに胎蔵界の仏の世界を図示した胎蔵界曼荼羅と、金剛界を表す金剛界曼荼羅を整備するなど、中国密教の基礎をつくりました。

空海は、この恵果に入門して密教を学び日本に伝え、真言宗を開きました。空海の密教は、胎蔵界と金剛界を車の両輪のごとく捉えて統一したところから両部密教といわれ、また空海が京都の東寺を中心に活躍したところから、東密ともいわれています。

さて円仁が長安を訪れた頃、中国では密教がさらなる発展を遂げ、『大日経』と『金剛頂

曼荼羅と密教法具（大壇具）（寛永寺蔵）

経』の他に『蘇悉地経《そしつじ》』の研究が盛んになっていました。蘇悉地は妙成就と訳され、この経典には上、中、下の三品（身体の上、中、下、または、息災、増益《ぞうやく》、降伏《ごうぶく》）の三種を成就させる真言や、修行法の基本的作法が書かれています。

円仁は、中国で胎蔵界、金剛界とこの蘇悉地法を学んで帰国、その後『金剛頂経疏』と『蘇悉地経疏』を著し、天台密教を大成しました。すなわち胎蔵、金剛両部を蘇悉地を用いて融合統一し、三部の密教としたのです。この三部の密教について、その淵源は伝教大師が入唐した折に、順暁阿闍梨から伝法を受けた「三部三昧耶《さまや》」の印信（伝法の証明書）にあるといわれています。

さらに円仁は中国における求法の中で、『法華経』と密教は同等であるとの確信を得ることができました。その結果、『法華経』などは理念として説かれた密教、『大日経』などは修法作法を中心とした密教であり、それぞれ完全無欠な悟りを説くもので、いずれも優劣はなく、円密は一致するものであるという仏教理論を完成させました。

円密一致にもとづく、胎、金、蘇悉地の三部を統合した密教は、台密と呼ばれ、その後、東密を凌駕していくのです。それは従来、宮中にあった真言院にかわり、円仁の働きかけによって勅命により比叡山上に法華総持院が建立され、密教の大法が勅会として修されたのを見てもわかります。この大法はのちに御修法《みしゅほう》と呼ばれ、今日まで連綿と続けられています。

こうして円仁は、伝教大師が伝えた密教思想を深めただけでなく、その期待に見事に応えたのでした。

天台――総合の仏教

その他、円仁が日本仏教に残したものは少なくありません。それは声明《しょうみょう》です。五台山において節のついたお経を学びましたが、その音域は二オクターブ以上にわたるため、円仁は笛によってその音を収集しました。円仁は笛の名手でもあったのです。草創期の比叡山では、まだ法要儀式についてはほとんど奈良仏教の形式を取り入れておりました。その中で円仁が将来した声明はやがて天台声明として完成し、和楽の源流として日本音楽の形成に大きな影響を与えました。

また、円仁は五台山の竹林寺における念仏三昧の法も学びました。この念仏は法照《ほっしょう》流の念仏といわれ、声を引くように五音階で唱えるので、引声《いんぜい》念仏とか五会《ごえ》念仏といわれていました。

さて、『法華経』の実践行を説く、天台大師の摩訶止観の中に四つの修行法が説かれていますす。総称して四種三昧《ししゅざんまい》といいますが、その一つ常行《じょうぎょう》三昧は、口に念仏を唱えながら九十日間、阿弥陀仏を念じて行道をする修行です。

円仁は、この常行三昧の思想を基本にして、引声念仏を取り入れた不断念仏を創始しました。やがて常行三昧堂が建立され、不断念仏が盛んに行われるようになり、次第に「山の念仏」と呼ばれ貴族の間でも評判となっていきました。そして時代とともに浄土信仰の発展へとつながっていったのです。ですから、浄土教の淵源は円仁にあるといってもいいでしょう。

円仁は八五四年（斉衡元）、第三代天台座主に任ぜられ、天台宗は教学、法儀、布教の面で一段と充実が計られ、教団としての基盤ができ上がっていきました。まさに比叡山仏教の大成者といっても過言ではありません。

円仁は八六四年（貞観六）、七十一歳の波瀾に満ちた生涯を閉じました。そしてその三年後には、わが国初めての大師号である、慈覚大師の称号が朝廷より下賜されました。

その内示を受けた比叡山では、円仁の性格や気持ちを考えると、師匠の最澄より先に大師号は受けないだろうと誰もが思いました。そこで改めて朝廷に願い出て、最澄に先に大師号が下賜されるように頼みました。その結果、同時に伝教大師と慈覚大師の大師号がそれぞれ与えられたのでした。空海に弘法大師の大師号が下賜されたのは、それから七十年後のことでありますから、いかに円仁の業績が偉大であったかが分かります。

さて円仁の思想は端的にいえば、伝教大師がめざした総合の思想の完成ということができるでしょう。天台大師がインドから中国に伝わった仏教を整理総合して、天台教学を組織し確立しましたが、伝教大師は天台教学、すなわち円教を中心に密、禅、戒を加えた四宗融合の日本天台宗という一乗仏教への道を開きました。

それを引き継ぎ名実ともに完成させた円仁は、台密を確立し、さらに浄土教を一乗思想として積極的に天台仏教の中に取り入れました。真理を追及していけば思想は純化する一方、他を捨てていくことは正しく見えるものの、捨てた方との対立が残されて矛盾を生むことの意味を深く考えていたのではないでしょうか。

次の時代には選択《せんちゃく》の仏教が一世を風靡しますが、改めて現代から眺め直すと、この複雑な時代に総合の価値が、一段と評価されてくるように思われてなりません。

良源とその信仰――比叡山中興の祖

良源が登場した頃

伝教大師最澄によって開かれた比叡山は、やがて「仏教の母山」と呼ばれ、日本文化形成に大きな役割を果してきました。しかしながら、その道は決して平坦なものではありませんでした。

伝教大師は、すべての人が仏になれる一乗仏教を標榜して、天台仏教を奈良仏教同様に国家公認の仏教として、その仲間入りを実現させました。さらに奈良仏教から完全に独立するために、比叡山上に大乗戒壇の設立をめざしましたが、生前にはその願いはかないませんでした。

さいわい高弟の光定《こうじょう》（七七九〜八五八）らの努力により、伝教大師の悲願は朝廷に聞き届けられ、伝教大師初七日の当日に、ようやく勅許が下されたのでした。

こうして天台宗に、独自に僧侶養成の道が開かれましたが、密教の面では空海の密教に大きな遅れをとっていました。そこで慈覚大師円仁が出るに及んで、中国に渡って密教を研鑽、伝教大師の伝えた密教の哲学的充実をはかり、胎蔵部、金剛部、蘇悉地部のいわゆる三部密教という天台密教を確立したのでした。

さらに比叡山上に法華総持院を建立、宮中内に設けられた真言院に比肩する密教道場が現出し、勅命による祈禱が行われるようになりました。また、円珍《えんちん》、安然《あんねん》などが出るに及んで、天台密教（台密）はさらに充実、やがて空海の密教（東密）を凌駕するほどになりました。

ところが名実ともに比叡山の天台仏教が、日本を代表する仏教になるためには、さらなる教学面の充実と制度面での拡充が必要とされました。特に経典の示す教理に関する解説（講説）や学説を論じ合うこと（論義）は、仏教の振興上重要であるばかりでなく、僧侶の任用に必須なことでした。

聖武天皇は天平十三年（七四一）詔勅を発し、東大寺を総国分寺、法華寺を総国分尼寺として、諸国に国分寺を建立しました。そして『法華経』『金光明最勝王経』『仁王経』を護国の三部経として各寺に備えさせ、読誦や解説を奨励しました。

これらはやがて制度化され、宮中の御斎会、興福寺の維摩会、薬師寺の最勝会、そのほか四天王寺、法隆寺などの十五大寺において勅会として開かれ、ここで論義が行われました。論義では、仏教の奥義を極めるために提出された論題をもとに質問が出され、その回答に合否の判定を下す形式で進められます。

この論義の論題の提出と議論の合否を判定する者を探題《たんだい》、回答者を講師《こうじ》、論題のもとになる経典名を読み上げる者を読師《どくし》、質問者を問者《もんじゃ》といいます。これらの諸役は僧綱《そうごう》という役所の僧官によって決定されます。

興福寺維摩会はじめ、三ヶ寺の各法会の講師をつとめた者は、已《い》講と呼ばれ、僧綱になる資格が得られます。また論義の諸役は内容によって、つとめ終わると国分寺の国司に派遣されたり、僧侶の階位（僧正、僧都、律師など）を授与されたりしました。

伝教大師は、天台宗の教学を盛んにするため、根本聖典である『法華経』に関する論義法要として、延暦十七年（七九八）に霜《しも》月法華会を始めました。これは天台大師を鑽仰するため、その命日に行われました。

さらには延暦二十年には奈良から十人の学匠を招いて『法華経』に関する論義（法華十講）を開催したりしました。しかしこれらは勅会ではなく、延暦寺の私的な法会という扱いでした。それゆえこの論義で諸役をつとめても、僧綱の叙任の対象にはなりませんでした。

一方、天台僧がはじめて興福寺維摩会の講師に任ぜられたのは、天長二十七年（八三二）のことで、それは第二代天台座主の義真でした。その後、平安中期に至る百年間で、天台僧が三会の講師に任ぜられたのは、わずか十人足らずというありさまでした。主にこれらの勅会は、法相宗の僧侶が独占的に支配していました。それは法相宗が僧綱の人事を掌握し、国の宗教政策を一手に握っていたからです。

天台仏教が、奈良仏教と肩を並べるためには、慈恵大師《じえだいし》良源《りょうげん》（九一二〜九八五）の活躍を待たねばなりませんでした。

良源と「応和の宗論」――教学の隆盛

慈恵大師良源は、延喜十二年（九一二）近江国浅井郡岡本郷（現在の東浅井郡虎姫町三川）に誕生しました。九月三日のことです。母親が近くの大吉寺の観世音菩薩に願をかけた結果、授かったといわれています。

十二歳で比叡山に登り、西塔の理仙の弟子となりました。十九歳になると、比叡山の戒壇院に登り大乗戒を受け、正式に天台僧として認められ、尊意座主のもとで修行と勉学に励みました。そして次第に論義の才覚をあらわしていくのでした。

良源は、承平七年（九三七）十月、興福寺の維摩会の講師に比叡山の基増が任命されると、その従者に加えられました。良源二十六歳のときです。比叡山内での非公式な論義法要の場での優れた業績が認められての抜擢でありました。

この維摩会では、公式論義とは別に、南都四人、比叡山四人の学僧が出て、それぞれ順番に

慈恵大師良源坐像（延暦寺蔵）

問答を行う、番論《つがい》義が行われました。比叡山側の一人として良源が基増によって指名され、南都側の俊才、元興寺《がんこうじ》の義昭と対論することになりましたが、南都側は大いに不満を募らせたといいます。南都の名僧義昭相手に無名の良源を対論させるのは失礼だというのです。ところが二人の論義の様子について、義昭の質問は峡谷を流れる奔流のようであり、それに対する良源の答は、泉水がとめどなく涌き出すようであったといわれています。

この二人の対決を通じて良源は、自分の学殖の深さを認めさせたばかりでなく、比叡山仏教のレベルの高さを天下に証明したのでした。このとき良源は自らの経験によって、論義が学僧を教育するのに、効果的で重要な方法であることを知ったのでした。さらに、比叡山仏教が奈良仏教と対等になるためには、比叡山における論義法要が、興福寺維摩会などと同様に勅会として公認されることがどうしても必要であると痛感したのです。

その後、良源は、それまで法相宗が独占的に指導力を発揮していた論義法要の在り方を改める機会を探していました。そして応和元年、良源は、華厳宗や三論宗などと相談し、朝廷に対し、法相宗の独占的な立場を改善するべく要望書を別々に提出しました。

その結果、ついに応和三年（九六三）八月二十二日から五日間、清涼殿において、対論形式による論義が行われ、各宗の仏教哲学の浅深を審査することが決定されたのでした。まさに画期的なことであり、これが有名な「応和《おうわ》の宗論《しゅうろん》」です。この論義はその後の宗教行政にも大きな影響を与えると考えられ、その実現がたびたび延期されるなど、紆余曲折が少なくありませんでした。

「応和の宗論」は、村上天皇が書写された『法華経』の供養会（宸筆御十講）として、法華十講の形式で行われました。法華十講とは、『法華経』八巻と、開経（序論）といわれる『無量義経』一巻と、結経（総括）といわれる『観普賢経』一巻の全十巻の内容について、一日二巻ずつ五日間にわたり、質疑の形式で論義を行う法会です。

また開経と結経を除いた『法華経』八巻のみとする論義を「法華八講」といいます。奈良仏教から法相宗、三論宗、華厳宗の代表十人、比叡山から十人の計二十人が、交代で質問者（問者）と回答者（講師）に分かれて問答を行う形式の番論義で開催されました。

もちろん比叡山の代表には良源が中心となり、南都側は興福寺の法蔵など第一人者を立ててきました。そして「応和の宗論」の最大の論点は、法相宗が『法華経』を真実の悟りに導くための一つの仮りの手段（方便）として説かれた教えとするのに対し、天台宗は究極最高の教えとしているところです。

この論争は「三一権実論争《さんいちごんじつろんそう》」といわれますが、古くは伝教大師と法相宗の徳一との論争以来続いているものです（「最澄がめざしたもの」参照）。さらに良源は「草木成仏」論を展開しますが、この考え方はやがて本覚思想といわれ、文芸などにまで大きな影響を与えることになります。

この「応和の宗論」には、興福寺の守護神春日明神や、比叡山の守護神山王権現までかけつけ、それぞれを応援したといわれるほど、議論は熱気を帯び伯仲しました。そして明確なかたちでの決着はつきませんでしたが、「法相宗は六宗の長、天台は諸宗の最上」という宣旨が下されたのです。

この結果、法相宗の指導的立場はただちに変わりませんでしたが、比叡山の実力も公式に評価されることとなり、比叡山における論義法会が勅会として公認される道が開かれたのでした。

そこで早速、良源は朝廷に対し、比叡山上に勅会として「広学竪義《こうがくりゅうぎ》」を開催することを上奏しました。広学竪義とは、広く各宗の教義を学び、その内容を筋道を竪《た》てて論義を行い、理解を深めて教学の振興をはかるものです。興福寺で行われていた「研学竪義」を念頭において願い出たものです。

広学竪義は康保三年（九六六）聴許され、さらには二年後、比叡山の禅芸がはじめて探題に任命されました。探題が誕生したことは、出題資格者を得たことになり、いちいち奈良仏教の探題に相談しなくても、比叡山独自で公式に論義を開催することが可能になったことを示しています。このことは教学的立場はもちろん、制度面も含めて名実ともに奈良仏教から完全独立を果たしたことを意味しました。

やがて天台宗では、良源が行基以来の史上二人目の大僧正に補任されたり、天元三年（九八〇）には、それまでは圧倒的に法相宗が多かった僧綱の数が同数になりました。さらには永延元年（九八七）、良源の没後二年には、僧綱二十四人中、天台が十七人を占め、他は法相、真言各三人、三論一人という状態になり、天台宗は最盛期を迎えたのです。伝教大師の念願が、実に開宗百六十年を経てようやく現実のものとなりました。

一方、比叡山上の重要な法要である六月会《みなつき》（伝教大師命日法要）、霜月会《しも》（天台大師命日法要）などが勅会として行われるようになり、あわせて広学竪義も盛んに開かれました。その結果、良源門下から、源信、覚超はじめ数々の学匠が輩出されるに及んで、比叡山の教学は一気に盛んになっていきました。

良源の「草木成仏」

比叡山は良源の卓越した指導力によって最盛期を迎えたのでした。良源が伝教大師の再来とか、比叡山中興の祖とあがめられる由縁であります。なお広学竪義は、織田信長による元亀二年（一五七二）の比叡山焼打ちによって一時中断しますが、天正十七年（一五九一）には再興されます。それ以後、今日まで続けられ、天台僧の最終試験として実施されています。

良源は「応和の宗論」で奈良の学匠達を次々と論破し、その弁説は法蔵をして、釈迦十大弟子の一人で説法第一といわれた富楼那《ふるな》尊者の如し、と言わしめたほどです。

また良源自身、論義について「八講所生の義をもって、広く一切衆生に回向し、煩悩を断除し、智慧を発生し、仏位に到らしめん」と述べ、単に教理を会得する手段だけではなく、成仏をめざす道、論義成仏の重要性を説いています。

ここで良源の草木成仏説について少しお話しましょう。良源が「応和の宗論」を終え、退座して清涼殿の門のところまでくると、乗って来た車を引いてきた牛が、涎《よだれ》で次のような歌を地面に書いたのが目に入ったといいます。

草も木も　仏となると聞くからは　心ある身は　たのもしきかな

この歌は、山王権現が良源の講説を高く評価して、後に詠ませたといわれていますが、草木成仏説を端的に表わしたものです。『涅槃経』の中に、「一切衆生悉有仏性《いっさいしゅじょうしつうぶっしょう》」と説かれています。すべての衆生は、ことごとく仏になれる本性を持っている、という意味です。

大乗仏教では、衆生とは単に有《う》情、すなわち精神作用を持つ動物のみでなく、無情（あるいは非情）といわれる非精神的存在である山や川、そして草木にも仏性があると考えるようになりました。仏から見ると、この世に存在するものはすべて真理そのものであり、その絶対的視点からは、成仏、不成仏と区別すべきものがないとされるのです。

天台大師から数えて六代目になる唐の天台宗六祖湛然《たんねん》（七一一〜七八二）は、その著『金剛《こんごう》錍論《べいろん》』の中で草木成仏説を展開し、日本仏教に大きな影響を与えました。

しかし湛然が考えた草木成仏とは、草木が単独で成仏するのではなく、人間が修行をして悟りを開いたときに、その人の住む世界の草木は、その人の悟りの心を通じて成仏するというものです。

これは湛然の「依正不二《えしょうふに》」という考え方に基づいています。人間やそれを取り巻く環境は、過去のいろいろな因縁の結果、すなわち報いによって今日存在するのであるから、身心を正報、環境を依報と名づけました。そして主体たる正報と、それを存在たらしめている依報は、本来別々の存在でなく一体不二のものだとしています。ですから人間が悟れば、その世界の草木も成仏することになるわけです。非常に唯心的な世界観といってもよいでしょう。

これに対し良源は『草木発心修行成仏記』を著し、草木成仏思想の日本的展開を推進しました。この著作は良源に仮託されたものといわれていますが、当時の比叡山仏教の中心思想の体現者としての良源という意味で、良源の考え方と見ることができます。

この著作では、草木について、生、住、異、滅の四つの相を有しているとしています。生とは発芽すること。住とは成長し葉などを繁らせること、異とは花や実をつけること、滅とは枯れることをいいますが、これらの四相が、草木の発心、修行、菩提、涅槃の姿だというわけです。ですから、草木も修行して仏性を開発して成仏すると見るのです。

日本の自然環境は、春夏秋冬四季の移ろいの中に、草花や緑が美を競い、花鳥風月に趣を感じるだけでなく、そこに神秘を感じる人が少なくありません。例えば日本語には雨を表現する言葉が四百四十、風に至っては千以上あるといわれています。このような繊細な自然観察の眼を通じて、草木をはじめ自然の姿の中に真理を感じとることも不可能ではありません。このアニミズム的な日本人古来の自然観に天台仏教は大きな影響を与えました。

天台大師の『摩訶止観』の中に「一色一香無非中道《いっしきいっこうむひちゅうどう》」という言葉があります。五感で受け止めうるものすべて（一色一香）、真実の表われでないものはない（無非中道）という意味です。

一輪の花、一抹の香の中に永遠の真理（悟り）があるのです。このように、すべてのものに本質（仏性）が備わっており、現在あらわれている姿が真実そのもの（成仏した姿）であると肯定的に物事を捉える考え方を、本覚思想といいます。草木成仏説は本覚思想にもとづくものです。

この視点に立つと、『徒然草』の第百三十七段のような世界が開けてきます。

花はさかりに、月はくまなきをのみ見るものかは。雨にむかひて月を恋ひ、たれこめて春の行方知らぬも、なほあはれに情けふかし。咲きぬべきほどの梢、散りしをれたる庭などこそ、見所多けれ。……

とあるように、雨天であっても月のすばらしさを感じ、花が散ってしまった庭の中に美を発見することができるのです。また、『源氏物語』や『枕草子』で表現されている「もののあはれ」は、ただ単にこの世の無常を嘆いているのではなく、その無常そのものを真実として肯定的に受けいれています。

天台仏教に造詣の深かった当時の教養人、清少納言や紫式部の思念の中に、本覚思想が流れていたと思われます。このように良源に代表される天台本覚思想は、中世の文学や華道、茶道、能などに大きな影響を与えました。

比叡山三千坊——堂塔伽藍の復興

さらに良源は『九品往生義《くぼんおうじょうぎ》』を著わし、それまで教学的な裏づけのなかった、天台宗の念仏信仰に、「観心の念仏」としてきちんと位置づけをしました。そしてこの思想は弟子の恵心僧都源信に引き継がれ、大成されたのです。すなわち鎌倉時代になると一層盛んになる念仏信仰の端緒を良源が開いたといえるでしょう。

良源は比叡山中興の祖といわれています。これは先に述べたように論義を中心として天台教学を盛んにし、それを通じて人材を養成、比叡山の基盤を揺ぎないものにしたからですが、それればかりではありません。堂塔伽藍の復興や新築にもめざましい業績をあげたからです。

良源が入山した時代の比叡山は、教学は沈滞気味であり、火災による伽藍の焼失も少なくなく、また復興もままならぬ状態でした。特に良源が得度して間もない頃に火災があり、根本中堂はじめ四十を越える堂塔が焼失し、根本中堂は国費によって修復されたものの、他はなかなか修復がはかどりません。さらに僧侶の数も少なくなり、慈覚大師が開いた横川《よかわ》などは、常住者が二、三人しかいないという状況でした。

さらに良源が天台座主に上任してわずか二ヶ月後の康保三年（九六六）には失火があり、根本中堂はかろうじて焼失は免れたものの、大講堂、法華総持院、文殊楼、常行堂、法華堂など、主要な建物がほとんど焼けてしまいました。しかし良源は決して手を拱いてはいませんでした。早速、朝廷へ復興の嘆願書を出したり、各方面に支援を依頼したのです。

そして法華堂、常行堂、法華総持院、大講堂と次々と復興、さらに根本中堂に大改修を加え、今日のような根本中堂の様式に改めました。さらに東塔のみならず西塔、そして横川と次々と復興整備に取りかかり、ついに比叡山三千坊といわれる壮大な伽藍をもつ大規模な寺院に発展させたのです。

良源がこのような大事業を推進できたのは、多くの支援者がいたからです。伝教大師の場合は、桓武天皇との出会いがあって、はじめて天台宗の開宗が可能となりましたが、良源の場合は藤原師輔《もろすけ》でした。興福寺維摩会で名声をあげた良源の存在を知った関白太政大臣藤原忠平が招いたのがきっかけで、その嗣子である藤原師輔の帰依を受けることになったのです。その傾倒ぶりは、その子尋禅《じんぜん》を出家させ、良源の弟子にしたほどでした。

比叡山の復興をすすめる一方、良源は、綱紀を正すため、二十六ヶ条に及ぶ制式を比叡山内に発布しました。天禄元年（九七〇）のことです。立派な伽藍が完成すると気の緩みが生じ失火につながったり、多くの人々が出入りするようになって自然と綱紀が乱れたりするのを心配したからです。また寺領が増えると、それを守るために紛争が起きる危険があります。それらに対し僧侶としての立場を守って対処するように戒め、特に僧侶の武装を厳しく禁じました。

良源は教学、制度、建物などすべての面で比叡山の復興を成し遂げ、永観三年（九八五）一月三日に七十五歳でこの世を去りました。

その弟子には覚超《かくちょう》、源信《げんしん》、千観《せんがん》、増賀《ぞうが》など歴史上錚々たる多士済々な人物がおり、それぞれがいろいろな僧としての理想を求めた生き方をしています。その顔ぶれを見るだけでも、良源の偉大さを偲ぶことができます。朝廷から慈恵大師の名を贈られ、また亡くなった日にちなんで、元《がん》三大師と呼ばれるようになりました。

角大師と摩滅大師

お正月になると関東方面の人なら、川崎大師や西新井大師に初詣に行く人が少なくありません。これらのお寺には弘法大師がまつられているのです。あるいは、川越大師とか拝島大師などども参拝者で賑います。ところがこちらは弘法大師でなく、元三大師がまつられています。この元三大師とは、慈恵大師良源のことなのです。良源は一月三日に亡くなったので、いつしか元三大師と呼ばれるようになり、厄除のお大師様として多くの人々の信仰を集めてきました。

良源は、比叡山の諸堂を復興し、三千坊ともいわれる隆昌を招き、さらに教学面の充実により、多くの有為な人材を育てました。そればかりでなく、自ら三百日の厳しい護摩修行に打ち込み、その姿が不動明王のごとく見えたといいます。

このように超人的な活躍をした良源は、その没後、比較的早くその伝記などに鑽仰の説話が書かれています。その中でも有名なのは「角《つの》大師」と「摩《ま》滅《め》大師」の話です。

慈恵大師が晩年七十三歳の頃のある晩、静かに自室で坐禅をして瞑想に耽っていると、雨だれの音が止み、すっと風の気配が感じられました。そこで瞑想を断ってよく見ると、何者かが忍び入った気配がします。そこで良源が、「そこにおるのは何者か」とたずねると、「私は疫病を司る神である。今天下に疫病を流行らせているが、貴殿にも疫病に罹ってもらわねばならぬ」という答です。

そこで大師は、疫病を逃れられないのも因縁と覚悟して、「それならこれにとりついて見よ」と左の小指を出すと、疫病神がそこに触れ、たちまちに発熱して大変な苦痛が襲いました。そこで心を静かに保ち天台宗の特別な観法(一心三観)を修して三昧に入り、指を弾きました。すると疫神は弾き出され、大師はたちまちに回復したとのことです。

そこで大師は弟子達に鏡を持って来させ、その前で禅定に入りその姿を写させました。すると大師の姿はいつの間にか長い角を生やした、奇妙な痩せさらばえた黒い鬼のようになっていました。禅定を解いて写された自分の姿を見た大師は、満足の様子で、すぐ版木に起して摺る

角大師護符（両大師堂版）

ように命じました。そしてお札にして、加持して各家に配り貼るように命じたのです。

するると病人のいる家はその病が治り、たちまち流行病が鎮静化してしまいました。それ以来毎年、各家では、この角大師のお札を厄除けのために戸口に貼るようになり、その信仰は今日にも、角大師として伝えられています。

一方、寛永年間のことですが、比叡山横川の元三大師堂に参籠をしていた農家の主《あるじ》の話です。豊作を祈願に来たところ、大雨となり帰るに帰れません。その雨は主の田畑まで及び、流されそうになりました。

ところがどこからか三十人余りの若者が現われ、水を汲み出したり、畔をつくるやらして、田んぼを水害から救ったのでした。雨が上がり急いで帰ると、他の田んぼはだめでしたが、自分のところだけ助かったのを家の者に知らされて、本当に驚きました。そしてよくよく聞くと若者たちが現われたのは、ちょうど横川の大師堂で、一所懸命、大師に願をかけていた時刻でした。

これは元三大師が観世音菩薩の化身であるため、『観音経』にある通り三十三身に姿を変え、若者となって田畑を救いに行ったということです。それからは田植えの時など、三十三体の小さな大師像を一枚の紙に摺った摩滅（豆）大師のお札が作られ、竹に挟んで立てられるようになりました。角大師のお札同様、豆大師のお札も今日でも盛んに求められています。

そのほか、降魔大師、鬼大師、木葉《もくよう》大師、鈴振り大師等々、元三大師にまつわる御利益《りやく》や不思議な話は枚挙にいとまがありません。

いまに生きる元三大師

最後に、比叡山横川の四季講堂（大師堂）の本尊、元三大師画像について述べたいと思います。この画像は、顔はやや左斜め向きで、左手に独鈷を持ち、念誦（おそらく不動真言を唱えていると思われます）をしながら、両手で数珠の玉をつまみ、繰り送っている姿が画かれています。

元三大師が亡くなる前日、深夜まで坐禅をしていたところ、坐禅を終わって立ち去ってもその姿が四季講堂の壁にくっきりと残り、消えなかったそうです。そして衣の襟の重ねや襞や色、さらには大師の表情まではっきり残っていました。弟子たちが消そうと試みましたが、少しも消えません。

そこで高弟の尋禅が来て料紙に写し取ると、写し取ったところから消えていったそうです。この大師画像は、門外不出の四季講堂本尊となりました。信長の焼打ちの時は横川攻めの大将となった秀吉の、特別のはからいを得て持ち出すことができ、焼失を免れて今日まで伝えられています。

室町時代になって民部法眼という人が霊夢を見て比叡山に登り、四季講堂に伝わる尋禅が写し取った元三大師像を勅命により模写しました。この画像はやはり信長の焼打ちの時には尋禅画とともに難を山外に逃れましたが、その後、比叡山には戻されず、伊勢の西来寺にまつられました。霊験あらたかな画像ということで善男善女が群参したといいます。

江戸時代に入り、三代将軍家光に世継ぎがないので、寛永寺の天海大僧正が世子誕生の祈願を幕府から頼まれました。そこで天海僧正は、かつて慈恵大師が冷泉天皇の誕生祈願をしたことにちなみ、西来寺より民部法眼筆の元三大師像を借り受けて祈禱すると、世継ぎの家綱が誕生したのです。

この画像は現在も寛永寺に伝えられています。寛永寺に将来されて今日まで三度の火災に遭っていますが、そのつど難を逃れています。平成元年（一九八九）に、寛永寺両大師堂が不審火で全焼しました。何も搬出することができず、すべてが灰燼に帰してしまいました。

止むなく焼跡を整理していると、炭化した須弥壇の板の下から、焼け焦げたくずれた箱が出てきました。箱の中には二本の軸が納められていた形跡があり、一本は完全に焼失、もう一本は両端が燃えてなくなりましたが、中央部分は焦げながらも残っていました。部厚い須弥壇の板が上に落ちてきたためか、火勢が削がれたのでしょう。

箱の様子、発見された場所から考えると、この箱には民部法眼筆の元三大師像とそれを天真法親王が模写した軸との二本が納められていたことになります。専門家の手によって恐るおそる焦げかかった軸を広げますと、そこに民部法眼筆の元三大師像が、無傷で姿を現わしました。

これは現代に生きる私自身が、元三大師の霊験を実感した瞬間でした。

そして五年後には元三大師の御利益により、以前より大きな本堂と、立派な会館の完成を見ました。元三大師の信仰に生き、世界宗教サミットはじめ数々の業績を残した、第二五三世、山田恵諦《えたい》天台座主は、その信仰について次のように述べています。

「元三大師を信仰する者は、僧にあってはその寺院が必ず興隆するし、一般にあっては無事であり、息災であり、家運は永続する。信仰が薄れたり、信仰を他に移したときは、必ず変化がある。歴史がこれを伝え、事実がこれを証明している、不思議である」と。

元三大師信仰は、今も脈々と生きているのです。

源信と往生要集――天台浄土教の完成者

源信と地獄のイメージ

地獄というと、どんな世界を想像するでしょうか。金棒を振り上げた獄卒（地獄の鬼）に追いまわされ、髪を振り乱し血だらけになって逃げ惑う人間、熱湯が煮えたぎる大きな釜に放り込まれ、苦痛に顔を歪め絶叫している人間の姿などが浮んできます。

これらは恵心僧都《えしんそうず》源信《げんしん》（九四二～一〇一七）によって、広く世の中に紹介されたものです。恵心僧都とは、比叡山の恵心院に住んでいる高僧、という意味です。ですから一般に源信は、恵心僧都と呼ばれています。

比叡山麓に源信創建といわれる、聖衆来迎寺《しょうじゅうらいごうじ》というお寺があります。そこにはこの地獄の様子などが克明に描かれた、国宝の「六道絵」があります。この絵こそ、源信が極楽往生の指南書として著した『往生要集』の記述をもとに描かれたものです。これによって地獄のイメージがつくられ、世の中に広まっていきました。ですから源信は地獄の元祖、ということもできましょう。

しかしながら、源信が『往生要集』を書いた本当の目的は、決して地獄の恐ろしさを世に喧伝することではありませんでした。末法時代を迎えようとしている時、この五濁悪世といわれている時代に、人々が成仏できる教えは、極楽往生しかないということを人々に知らせるためでした。

そして、人々をこの教えに導くために、極楽の対極にある地獄の様子を生々しく描写したのでした。『往生要集』は、各方面に大きな反響を呼ぶことになり、源信の名は一躍、天下に知られるようになりました。そしてのちに日本浄土教の祖として仰がれるようになったのです。

源信は、天慶五年（九四二）、大和国葛城下郡当麻郷（現在の奈良県大和高田市）に誕生しました。生地当麻の二上山《ふたかみ》の夕日のすばらしさは昔から有名でした。人々はその夕日の彼方に極楽浄土があることを実感できるほどでした。

伝記によると源信は、母親が近くの高尾寺の観音像に男子の誕生を祈ったところ生まれたといわれています。幼少の頃から明敏でしたが、少々大人びていて子供らしくなかったようです。

あるとき源信は、不思議な夢を見ました。寺の蔵の中に大小のさまざまな鏡が置いてあり、その中から寺僧が、小さく、あまり輝きのない暗い鏡を、源信に与えようとしました。そこで源信は、暗い小さな鏡では役に立たないと思い、大きな明るい鏡の方を望みました。するとその僧は「今のおまえには、この鏡が分相応である。この鏡をもって横川に行き、よく磨くことだ」と諭し、小さい鏡を渡したということです。

もちろんその頃の源信にとって、横川がどこを指す地名かなど全く解りませんでした。ところが九歳になると僧侶になることになり、夢に出てきた比叡山の横川に行くことになったのですから、不思議な巡り合わせです。そして比叡山では慈恵大師良源の門下に入り修行することになりました。

良源は、慈覚大師円仁によって開かれた、比叡山の最北に位置する横川がすっかり荒廃していたのを再興したばかりでなく、比叡山中興の祖といわれた高僧です。そして、その門下からは多数の人材が輩出しました。源信が入山した頃には、すでに弟子は千人を越え、そのうち高いレベルに達している者が三十人以上に及んでいたといいます。そのようなめぐまれた環境の中で、源信は正式に出家得度し、勉学と修行に没頭、次第に頭角を現わしていきました。

母の訓戒

源信は単なる英才ではなく、非常に信仰の篤い家庭に育ちました。二人の姉と妹一人がいましたが、姉の願西《がんさい》、妹の願証は道心堅固な出家者として、当時の貴族の間でも知られているほどでした。さらに母親の考え方が源信の求道者としての生き方に決定的ともいえる影響を与えたのでした。このことは『今昔物語集』にも、「源信の母」として取り上げられており、有名な話です。

横川で勉学に専念し、やがてすぐれた学匠として認められるようになった源信は、ある時、冷泉天皇妃昌子《しょうし》内親王が施主となって開かれた法華八講の法会に招かれ、論義に参加しました。そして反物などを下賜されたのでした。大寺や宮中で催される法華八講に出仕を要請されることは、その学力が一定の水準に達していることの証明です。それゆえ本人にとっては大変名誉なことであり、また励みでもありました。特に朝廷が公認している勅会において重要な役をつとめることは、僧侶としての階級が上がり、指導者になる条件でもありました。

そこで源信は早速、母親に報告します。「后の宮の御八講に参って給わったものです。はじめてのことですので、まず母上の御覧に入れる次第です」と、賜り物に手紙をつけて送りました。すると母親から次のような返事が返ってきたのです。

「心遣いをありがたくいただきます。立派な学生《がくしょう》になったことを喜んでいます。しかし私があなたを仏門に入れたのは、御八講などに出仕して高名な僧になってもらうためではありません。さらに学問をして、多武峰《とうのみね》の聖人《しょうにん》のように貴くなって、私の後世《ごせ》を救ってもらいたいからです。私が生きているうちに、聖人のようになってもらいたいものです」（要旨）。

この返事をもらった源信は、大変なショックを受けます。源信は母親の期待に応えようと、入山以来懸命に勉強しました。やがてその努力の甲斐あって、数多の弟子の中からようやく抜擢され、朝廷が関係する法華八講の法要に出仕が叶ったのです。そこで喜んでもらおうと早速、報告したところ、逆に叱られてしまったからです。思いもよらないことでした。

以来、源信の名前は、大きな法要の諸役には見当たらなくなりました。それからの源信は、これらの役を辞退して、横川の奥に引っ込んでしまったからです。

さて、母親の手紙に出てくる、多武峰の聖人とは、源信と同じく良源の弟子であった、増賀《ぞうが》（九一七～一〇〇二）のことです。

増賀はあるとき説法の準備をしていると、言葉を選んだり工夫をするのは、説法の名手として評判を高めることを狙っているためではないか、という疑問がふと浮びます。そして、宮中や大寺などが主催する法会で説法をすることは、むしろ自分を堕落させるきっかけになりかねないと考えたのです。

増賀はそれを契機に多武峯に籠ってしまいました。貴族の子に生まれましたが、反骨精神が旺盛で、また奇行も少なくなかった高僧です。奇行に走るのも、自分の評判が世の中に聖といわれるようになったので、そのうわさに自分が縛られることは、やはり堕落につながると考えたからに違いありません。このような価値観をもっていたので、師の良源の生き方を素直に受け入れられず、批判的であったといわれています。

さて、僧侶の生き方にはいろいろあります。特に権力や名声に対する距離の取り方によって、人々の評価が別れることが少なくありません。大きな寺院を運営したり、多くの僧侶を養成するためには、どうしても相当な費用が必要です。そこで支援者の力を借りることになります。ところが有力者の支援を仰ぐと、世間は権力や財力に媚び、堕落したと考える人が少なくありません。しかし、はたしてそうでしょうか。

古来から高僧には、二通りの生き方があるように思われます。仏教を盛んにするために、権力者や財産家の支援を受け入れるけれども、その権力や財力に染まらないタイプと、仏教の純粋性（清浄）を守るために、むしろ全く権力者や金持ちに近づかないタイプです。

前者の典型は釈尊です。釈尊は、須達《すだつ》長者から祇園精舎の寄進を受けました。須達は、貧しく孤独な老人に食物を提供したところから、給孤独《きっこどく》長者と呼ばれた篤信の財産家です。祇園精舎を手に入れるために、その土地に敷きつめるほどの黄金を払ったといいます。もちろんこの寄進を受けた釈尊を批判する者などいませんでした。

源信の師匠である良源は、右大臣藤原師輔の支援を得て、衰微した比叡山の再興につとめました。単に堂塔伽藍の復興のみならず教学の振興にも力を注ぎ、この頃ようやく名実ともに比叡山が奈良仏教を凌駕するようになったのです。そして自身も天台座主に就任するとともに、行基以来の僧侶として最高の官位である大僧正に登りつめました。

ところがこのような良源の業績に対し、名声や功名を求め、権力に媚びているという批判的な声もありました。しかし良源は、このような批判が出るであろうことを十分に承知しており、自分の覚悟を生前に記し、文庫の中にしまっておきました。

外に衒名《げんめい》の人に似るも、内に弘法の思いを秘む、云々

すなわち外面には、名声をひけらかしているように見えるかもしれないが、真実は仏教を弘めることに専心して全力投球しているのだ、というのです。事実、ただ功名心にかられ、権力と癒着しているだけであれば、良源門下から数々の秀れた弟子が輩出されることはなかったでしょう。さらに没後、如意輪観音の化身と尊崇され、元三大師として多くの信仰を集めることもなかっただろうと思います。

しかし、日本人の心情として、昔からどちらかというと、世の中から隠遁して修行する聖者の方が好まれる傾向があるようです。ですから、『今昔物語集』においても、良源ではなく増

賀の生き方が、源信の母親の口を借りてお手本として登場してくるのです。

母親から、聖になるまで便りは無用と厳しく諌められた源信は、しばらくの間何の連絡もせず過ごしました。しかし母親想いの源信は、老齢の母を気遣って六年後に手紙を出します。すると母親からは、次のような、にべもない返事が届きました。

「会ったからといって、前世からの罪が消えることはないでしょう。こちらから連絡するまでは、修行を続けなさい」

実際、次に母親から連絡があったのは臨終間際で、その知らせをたまたま母親の元へ向かう途中に受けたので、かろうじて源信は死に目に会えたといいます。源信は母親の手紙を読みながら、改めてその厳しさに驚くというより、むしろ感動すら覚えたのではないでしょうか。すなわち自分の母は、単なる母親ではなく、仏、菩薩の生まれ変わりに違いない、との確信をもつに至るのでした。

それゆえ源信は、「母親の期待に応えて修行をすることは、単に聖となって母を救うためばかりではない。末法の時代に人々が成仏できる教えを学び取ることこそ、自分に与えられた使命ではないか、そのことを仏、菩薩が母を通じて教えているのだ」と受けとめたのです。

末法の世と浄土教

それからの源信の歩む道は、聖や衒名の世界を超越した独自の展開を示して行きました。さらに末法思想が、特に源信の生き方に大きな影響を与えたのです。

末法とは、仏教の歴史観であり、正法《しょうぼう》、像法《ぞうほう》、末法《まっぽう》の三つの時代をたてる三時思想の一つです。

三時の期間については、インド、中国などで諸説ありますが、日本では釈尊滅後一千年を正法時代とします。この間は、釈尊の教えと、それを実践する修行、その結果としての証《あかし》(悟り)、いわゆる教《きょう》・行《ぎょう》・証《しょう》の三つが揃っている時代です。

次の一千年を像法時代とし、この時代は教と行はありますが、悟りが完成しない時代。それを過ぎると末法時代に入り、教はありますが、行もその完成としての悟りもない時代となります。すなわち末法とは、教えのみあって、成仏できない時代だというのです。

日本では永承七年(一〇五二)に末法に入ったことが『扶桑略記』に出ていますから、源信が活躍したのは、その直前の時代ということになります。

また現実に末法に入ると、その年に奈良の長谷寺から出火をしたり、藤原道長がその財力を傾けて建築した栄華の象徴でもあった法成寺が、一夜にして灰燼に帰したりしています。さらにそのほか災害や戦乱などが続発し、実際に現象面からも世の末を思わせる事件が次々と起こり、人々を不安に陥れました。

源信は比叡山に入山以来、正統な天台教学の習得に全力を傾注する一方、その成果を試す論義法要で相手を論破するため、仏教論理学である「因明《いんみょう》」も学びました。俊才である源信は、たちまちに因明学を極め、その注釈書を著すレベルまで、若年のうちに達しました。ですから論義法要における源信の明晰さは、伝記に次のように記されるほどでした。

学業すでに成り、仏道の英雄なり。論義決択《けっちゃく》は、世に絶倫と称す。

すなわち、学問はすでに究めており、論義において質問されても、その答は明快であり、他に比較する者がいない、といわれるまでになっていました。また「学業すでに成り」の学業の範囲は、単に天台教学のみならず、法相学や倶舎学など南都六宗、すなわち奈良仏教も含む仏教全般に及んでいました。

というのは、当時宮中や諸大寺で開かれる朝廷公認の法要の場では、出仕を命ぜられるのは、奈良の諸大寺はじめ国家公認のすべての宗派の僧侶が含まれていたからです。ですから論義のテーマも当然、各宗の教学にわたっていたのです。

源信は、すでに論義用の天台教学に関する教科書（『六即義私記』など）はじめ、『因明論疏四相違略注釈』などを著しており、仏道の英雄などという讃辞を送られていたのでした。

ところが、教えはあっても、行も悟りもない末法を迎えれば、これらの学問は一切、役に立たなくなってしまうわけです。これは源信にとって深刻な問題でありました。不出世の学匠といわれた源信自身はもちろん、その母親も成仏できないことになってしまうからです。

そこで源信は、この問題を解決するべく膨大な仏教経典や注訳書などを次々と繙き、渾身の力を振り絞って研究を続けました。その結果、ついに浄土教こそ末法時代の灯明であることを突き止めたのでした。

早速それを証明し、信仰の指南となるべく、書物として『往生要集』の執筆に取りかかりました。ところが三巻に及ぶこの大著を、わずか五ヶ月で一気に書き上げてしまったのですから驚かざるを得ません。それは寛和元年四月（九八五）、源信四十四歳の時でありました。

『往生要集』の冒頭には、次のような序文が記されています。

それ往生極楽の教行は、濁世末代の目足なり。道俗貴賤、誰か帰せざる者あらん。ただし顕密の教法は、その文、一にあらず。事理の業因、その行これ多し。利智精進の人は、いまだ難しと為さざらんも、予が如き頑魯の者、あに敢てせんや。云々

五濁悪世である末法の時代に、人々を導く教えと、その実践方法は、極楽往生の道である。

だから、この道に誰一人帰依しないものはいない。顕教や密教の教えは複雑であり、その修行方法もさまざまである。智力に富んだ努力家にとっては難行ではないかもしれないが、私のような頑固で愚かな者には困難である、というのです。

源信は自分自身を、頑魯の者と謙遜していますが、これは単に一般的な意味での頑固な愚者、といっているのではありません。信仰を求めるうえで、理屈にかかずらわったり、それに気がつかない恐れがある自分を反省しているのです。

これは伝教大師最澄が、比叡山に籠って修行を始めるとき、その決意表明として記した『願文』の中に、「愚が中の極愚、狂が中の極狂、底下の最澄」と述べていますが、その影響だと思われます。また『往生要集』に大きな影響を受けた親鸞が、自分のことを「愚禿親鸞」などといっているのも、やはり伝教大師や源信の影響であるといえましょう。

厳しい自己反省に立った源信は、『往生要集』の序文にあるように、極楽往生を仏道修行の最善の方法として選んだのですが、その理由を理論的にも実践的にも、人々が納得できるように説明しなければなりません。

それゆえ『往生要集』には、実に経典とその注訳書百六十種類から、九五三の文章を引用し、仏教全体の中における浄土教の位置、さらに末法における極楽往生の意義づけを行っています。その博覧強記ぶりには、本当に驚かされます。

往生要集の眼目

源信が確信をもった浄土教、すなわち阿弥陀仏の浄土である西方極楽に往生して成仏することを説く教えの起源は、大乗仏教が興起した一世紀頃のインドに遡ります。その頃、阿弥陀仏に関する、『無量寿経』や『阿弥陀経』『観無量寿経』などの「浄土三部経」が成立したからです。

そして大乗仏教の父ともいわれる龍樹《りゅうじゅ》（一五〇～二五〇年頃）が『十住毘婆沙論《じゅうじゅうびばしゃろん》』の中で、仏道修行の方法として、阿弥陀仏を憶念したり、その名を称えることを取り上げ、水上を船で行くような易行道であることを紹介しています。

一方、やはり大乗仏教の大成者である世親《せしん》（四～五世紀）は、その著『往生論』で、「願わくは弥陀仏を見たてまつり、普く諸の衆生と共に、安楽国（極楽浄土）に往生せん」と述べ、極楽往生の方法として、五つの方法である「五念門」をあげています。

これらの浄土教はやがて中国にも伝えられ発展しました。中国天台宗の祖である智顗（五三八～五九七）も、修行方法の中に阿弥陀仏を中心とするものを取り入れています。

智顗は精神統一をして悟りに至る修行法を、その著『摩訶止観』の中で「四種三昧」と名づけ、四つ示しています。その中の一つに常行三昧があります。

これは、阿弥陀仏を本尊として、その周囲を、口に阿弥陀仏と称え、心に阿弥陀仏を念じながら、精神統一をはかり、九十日間歩み続けるというものです。そして智顗は「弥陀を唱うるは即ち、十方の仏を唱うることと功徳等しく、ただ専ら弥陀をもって法門の主となす」と述べています。

この常行三昧法は、最澄によって四種三昧の一つとして比叡山に伝えられました。さらに円仁が入唐して、当時、五台山で盛んに行われていた「五会念仏」を伝えることによって、その音曲のついた念仏法が、常行三昧の口称の念仏に取り入れられるようになりました。

それが、精神統一を目的とする常行三昧とは別に、口称の引声念仏法（声に節をつけて引くように唱える念仏）を主体とした、阿弥陀仏と結縁するための不断念仏として行われるようになったのです。

この不断念仏は期間を七日間とし、比叡山の東塔、西塔《さい》、横川の三ヶ所で行われました。これが『三宝絵詞』などに出てくる「山の念仏」です。華麗な仏教儀礼化したこの念仏は、貴族の間でも次第に話題となり、浄土教に対する関心が大いに高まっていったのでした。

源信が著した『往生要集』には、これらの浄土教の流れを整理し、浄土教の起源である龍樹や世親の教説、さらに中国で浄土教を説いた慧遠《えおん》や善導《ぜんどう》、道悼《どうしゃく》、曇鸞《どんらん》などの著作も引かれ、さらに天台大師智顗の『摩訶止観』に説く常行三昧法を、念仏行法の中心としながらも、末法における成仏の道としての念仏を説き明かしていったのです。

山越阿弥陀図（京都国立博物館蔵）

ここで順を追って『往生要集』の内容を紹介していきたいと思います。その内容は次の十章に分かれています。

（一）厭離穢土《おんりえど》、（二）欣求《ごんぐ》浄土、（三）極楽の証拠、（四）正修念仏、（五）助念の方法、（六）別時念仏、（七）念仏の利益、（八）念仏の証拠、（九）往生の諸業、（十）問答料簡。

まず（一）厭離穢土の章では、冒頭にも少し触れましたが、あの有名な地獄の描写がでてきます。これでもかとばかり、うんざりするほど書かれています。一切衆生は成仏しない限り、死ぬと六道のどこかへ生まれ落ち、輪廻して脱けられないというのが、仏教の基本的な世界観です。

六道とは、地獄、餓鬼、畜生、修羅、人、天の六つの世界をいいます。六道はいずれも苦の世界ですから、そこから解脱しない限り、平安は訪れません。そこで『往生要集』では、まず六道世界のそれぞれの苦しみを説き、そこから脱けだす気持ちを起こさせるために、厭離穢土の章が設けられたのです。

地獄界についていえば、等活地獄から無間地獄までの八大地獄を詳細に描写し、その苦しみや残酷さを余すところなく伝えています。ちなみに等活地獄とは、いくら骨を砕かれても八つ裂きにされても、「等しく活きかえれ」という声が聞こえて、生き返るところからその名があります。そして同じ苦しみを繰り返すのです。

六道絵・阿鼻地獄（聖衆来迎寺蔵）

餓鬼界は常に飢えに苦しむ世界、畜生界は禽獣や虫類に生まれ、外敵や人間から苦痛を受ける世界、修羅界は常に争いの絶えない世界、人間界は日常生活の中で思い通りにならず常に苦痛に直面したり、老少不定の言葉の通り、無常から逃れられない世界、そして天界は、一見理想郷のようにも見えますが、やはり寿命があり、衰える苦のある世界をいいます。

このように『往生要集』では、過剰なぐらいに、六道の世界が穢れた苦痛の多い世界であることを示し、一刻も早く厭い離れるべきことを述べています。

次に(二)欣求浄土の章では、極楽浄土には、娑婆世界では考えられないすばらしいことがあり、それを十楽としてまとめています。特に十番目の楽として、増進仏道の楽というものをあげています。

すなわち娑婆世界では、悟りを得ることはなかなか困難なことですが、極楽ではさまざまなすぐれた因縁によって仏道修行が完成し、悟りを得ることができる、というのです。ですからまず極楽浄土に往生することを心から願いなさい、とすすめるわけです。これが欣求浄土の意味です。

ここまでの、厭離穢土、欣求浄土は、その筆の運びは圧巻ですが、『往生要集』の内容からいうと、序章ということができます。そして源信が一番説きたかったこと、すなわち中心部分は、(四)の正修念仏の章です。

ここで、極楽往生のための正しい念仏の修し方とは何かを明らかにしているのです。正しい念仏方法として源信は、世親の『往生論』を引用し、そこに説かれている五念門（五つの方法）を取り上げて説明しています。

「念仏」とはなにか

五念門とは、礼拝門《らいはい》、讃歎門《さんだん》、作願門《さがん》、観察門《かんざつ》、廻向門《えこう》の五つの修行法をいいます。

まず第一の礼拝門とは、一心に阿弥陀仏に帰依して、身体を投げだして礼拝することをいいます。真心をもってすれば、その回数は問題になりません。そして阿弥陀仏を礼拝することは、一切の仏を礼拝することに通じます。そして三悪道を離れて、西方極楽に往生する因縁を結べる、としています。

第二の讃歎門とは、阿弥陀仏の徳を讃えている経文を、真心をもって読誦することです。たとえ一行であっても、浄土に生まれることが可能になる、といっています。

第三の作願門とは、仏になりたいという願いを起すことをいいます。この心を菩提心といい、同時にこれは多くの衆生を救おうとする心でもあります。これは「上求菩提、下化衆生」と表現され、大乗菩薩が常に持っている精神のことです。

第四の観察門とは、阿弥陀仏の姿を心に正確に観想するという実践方法です。そしてこの観想を通じて、絶対の真理を体得するわけですが、初心者にとっては簡単なことではありません。

ここでは『観無量寿経』に説かれる観想方法が取り入れられています。私たちは心を集中するとき、何か対象物がないとなかなか集中できません。そこで極楽の様子を観想するために、その対象として極楽の教主である阿弥陀仏を観察し、心を集中させるわけです。

そこで阿弥陀仏を観察する三種類の方法を紹介しています。私たちが何かを把握するとき、各部分ごとに特徴をつかみ、それらを総合して全体像を捉える方法、全体像をそのまま把握する方法、さらに最も特徴的なところをしっかりと押え、全体を想像する方法などがあります。

源信もこの手法を取り入れ、まず第一に別想観をあげています。まず阿弥陀仏が坐っている蓮華座を観想し、次に仏様が持つ白毫《びゃくごう》など四十二の特徴（相好《そうごう》）に分けて、それらを一つずつ観想する方法です。

伝統的には仏の相好は三十二とされていますが、源信は四十二としています。この別想観を十六遍行い、心を集中させると、十四日目には心の平安が訪れる、としています。

第二の総想観は、阿弥陀仏の全体像をそのまま観想する方法です。この観想を修していると、次第にこの世の形あるものが消え、ただ阿弥陀仏の光明に溢れた世界が現出してきます。そして、この光明こそ真理そのものであることが体得できるといっています。

第三の方法として、雑略観をすすめています。雑略観とは、阿弥陀仏の最も特徴的な、眉間にある白い旋毛のかたまりである白毫《びゃくごう》に意識を集中することによって、阿弥陀仏を観想する方法です。これを徹底すれば、白毫の光によって、仏を観想している自分も極楽に摂取されていくことがわかる、というのです。

しかし一番簡単そうな白毫観にしても、源信の説く極楽往生の方法は、なかなか困難です。末法の人々を救う易行とはいえないのではないでしょうか。それは、まず源信が原則論から述べているからです。すなわち源信があくまでも釈尊以来の仏教を総合している、天台仏教の立場に立っているからです。

中国の小釈迦といわれた天台大師智顗は、インドから中国に伝えられた経典をすべて吟味し、その思想を再構築して、『法華経』を中心とした天台教学を創唱しました。

中国に渡った最澄は、その天台教学を学び、さらに密教、禅、大乗戒を合わせて伝え、比叡山に総合仏教として日本天台宗を開いたのです。その中心教学は、『法華経』が説く「諸法実相論」であり、その哲学によって天台仏教は貫かれています。

ですから源信の説く浄土教は当然、仏教の都合のよい部分を取り出したものではなく、諸法実相論の裏づけがあるのです。すなわち、観想する阿弥陀仏は、他の諸仏とは全く別の存在ではなく、その本体は同体であり、かつ凡夫と一体不二の存在であるのです。それゆえ、煩悩にまみれた凡夫も、発願すれば成仏できることになるのです。

しかし、このような観想の念仏を末法の世に修するのは、大変困難なことではないでしょうか。そこで源信は、本来は正修念仏が好ましいが、「もし相好を観想することに堪えられない人があれば、浄土に生まれると想って、一心に阿弥陀仏の名を口に称え、心に念じてもよい」

と、『往生要集』の中で明言しているのです。

さらに源信の伝記では、「自分が修した行業の中で、念仏が最も大切であり、またその念仏も、阿弥陀仏を観想するのではなく、ただその名号を称えるだけである。それは往生のためには、称名だけで十分であるからだ」と述べています。

このように源信は、「観想の念仏」と「口称の念仏」には、そこに難易の差はあっても、浅深の差はないといっています。

五念門のうちの第五の廻向門とは、以上のような念仏によって得ることができた功徳を、他者すなわちすべての生きとし生けるものに差し向け、共に浄土に生まれることを願うことです。この廻向によって、大乗菩薩としての誓願が成就することになるわけです。

以上が源信の説く正しい念仏ですが、ここで注目すべきは、ただ「南無阿弥陀仏」と口に称えるだけであっても、極楽往生のためには十分であり、正修念仏と変わりはない、と言い切っているところです。これは、まさに革命的な考え方といえます。

事実、このことが法然や親鸞に大きな影響を与え、専修念仏の道を開かせる契機となりました。一般社会の価値基準では、大きいとか多いことがより重要視されます。その尺度でいけば、易行より難行の方が尊く、また念仏もその回数の数、口称より観想の方がより評価されるでしょう。しかし宗教的立場からいえば、貧者の一灯のたとえのように、必ずしもそうではないことを、源信は示したかったのです。

次に、『往生要集』の（五）の助念の方法の章では、念仏を助ける方法について説いています。

そこで、「一目の羅は鳥を得ることあたわざれば、万術もて観念を助けて、往生の大事を成ずるなり」と述べています。念仏を行う場所、供物、道具など物理的なものから、怠惰な心や悪心を抑え、善行や向上心を持つことなど心構えについて説いています。

いろいろな善行が、その因縁によって念仏を助けるという仏教の本義を捉え、極楽を求める者が念仏を専らにし、その他のことを除外することが必ずしも正しいとはいえない、としています。

最澄に「一目の羅、鳥を得ることあたわず。一両の宗、何んぞ普くを汲むに足らん」という言葉があります。一つの霞み網の目では鳥が取れないように、一つの宗派ではすべての人を救うことはできない、という意味ですが、これは最澄が天台宗の公認を朝廷に願い出た時の言葉です。

奈良仏教だけでは、すべての人の要望に応えられないので、天台宗を新たに加えてほしい、という趣旨です。決して奈良仏教を否定している姿勢ではありません。むしろともに協力して衆生済度をめざそうというものです。

源信もこの天台の伝統的な考え方に立っていますから、念仏の意義を認めたとしても、決して他の修行や善行の因縁を排除することはなく、むしろ積極的に評価しています。

鎌倉仏教になると、選択の仏教といって、念仏なら念仏を選びとり、他の教えを雑多なものとして排除する傾向にありました。特にこの選択の仏教は、明治以降、欧米の近代合理主義に根ざしたキリスト教の論理が入ってくると、夾雑性がなく洗練された究極の教理だと高く評価されるようになりました。

しかし今日のように価値観が多様化し、世の中が複雑化してくると、純粋性のみが高度なものであるとは、軽々に言えなくなりました。そして総合的な思想哲学を持つ仏教が見直されているように思います。その意味で、時代観を読みつつ複眼的思考で浄土教をしっかり定義づけた、源信の宗教性や知性には改めて驚かされるのです。

臨終の念仏と「二十五三昧会」

源信はまた、念仏を行う時期についても言及しています。普段、常に念仏を唱えているのは困難であるから、時間や場所を限定して唱えることをすすめています。

さらには臨終の時に唱える念仏が最期の行となり、極楽往生する最も大事な瞬間となるので重要であるとして、「臨終の行儀」を次のように説明しています。

立像の阿弥陀仏を安置して、病人をそのもとに西向きに寝かせます。そして阿弥陀仏の左手と病人の左手を五色の糸で結びます。また香を炊き、花びらを散じて周囲を荘厳します。病人には疑いなく往生することを願い、阿弥陀仏を観想し、聖衆が迎えに来る様子を想い浮かべさせます。そして病人と看護人が途切れることのないよう念仏を唱え、最期の十念を成就させます。臨終に南無阿弥陀仏と一回唱えることは、百年の善行より勝るとしているからです。

この臨終の念仏に関しては、源信自身も死に臨んで実際に行いました。また当時の最高権力者であった藤原道長は、『往生要集』に大変関心を示し、自らの所蔵本を能書家藤原行成に写させたりしました。そして臨終に際しては、極楽をこの世に現出させるために建てた壮麗な法成寺阿弥陀堂において、『往生要集』に書かれた臨終の作法通りに、この世を去ったのでありました。

このように『往生要集』の臨終行儀は、当時の人々の死生観に大きな影響を与えたのでした。もちろんこれは『往生要集』が広く読まれたこともありますが、一方、源信自ら「二十五三昧会《え》」という念仏結社を組織し、自ら説いたことを実践した影響も少なくありません。

二十五三昧会は、寛和二年（九六八）、『往生要集』を完成させた翌年、横川の首楞厳《しゅりょうごん》院で発足しました。これは源信の『往生要集』の理念を実践する念仏結社で、『涅槃経』に説く、菩薩が打ち破るべき二十五の迷いの数から、その名前をとりました。迷いを断ち、六道輪廻から脱けて、極楽往生をめざすことが目的だからです。

また結衆の数も二十五人で発足しました。その発願文の趣旨には、「極楽往生をめざすためにお互い善友となり、臨終まで助け合って念仏を唱える。毎月十五日の夕には念仏三昧を修す。また臨終の十念を祈る。仲間に病人が出たら、見舞って念仏を修す」などがあげられています。そしてメンバーの年齢層は、二十四歳から六十八歳の僧侶と、かなり幅が広くなっています。当初は結衆の中に源信の名は見えませんが、発足には影響を与え、やがて発足二ヶ月後には、新たに十名が結縁し、その中に源信の名があります。

そしてこれを機に「起請八箇条」が定められました。発願文になかった、「花台廟と号す墓所を設ける。結衆没後の追善供養をつとめること」などが加えられました。

二十五三昧会で注目すべきことは、結衆が病気になったときには、往生院という建物に移し、仲間で看病しながら念仏を勧めるということです。実際に祥連という僧が病気になり、結衆は昼夜を分かたぬ看病をする一方、念仏を唱えたり、激励をしたりしました。その結果、祥連は安心して、苦しみ少なく他界したと伝えられています。

現代社会は非常に刹那的になっており、死後の世界、ひいては死に至る過程について、深い配慮が欠けています。遅まきながら、ホスピスとかビハーラが注目されるようになりましたが、やはり大切なことは重い病気になる前から、死生観に関心を持つことではないでしょうか。

その意味で二十五三昧会のあり方は、高齢化社会が進む現代において、いかに生きるべきかと同様に、いかに死すべきかという命題に、ひとつの示唆を与えているように思われるのです。

源氏物語の「横川の僧都」

源信の著した『往生要集』は、今でいうロングセラーとして各方面に影響を与えました。それは浄土教文化として、建築、絵画、彫刻、文芸、庭園などの思想的基盤となりました。一例をあげれば、『源氏物語』の宇治十帖「手習」の巻に横川の僧都が登場します。「そのころ、横川に、なにがしの僧都とかいひて、いと尊き人住みけり」ではじまる冒頭部分から、すぐに恵心僧都源信のことであるのがわかりますし、読み進めば一層はっきりします。

物語では横川の僧都が、主人公の浮舟を出家させるのですが、その一部分を瀬戸内寂聴訳の源氏物語で紹介しますと、

「流転三界中、恩愛不能断」などと、僧都について出家の時のお経の偈《げ》を唱えるときも、姫君は自分はすでに恩愛の情などは断ち切ってしまったのにと、入水の決心をした頃を思い出されるのが、何といってもやはり悲しいのでした。

剃髪は僧都ご自身がお切りになります。「こんな美しい御器量なのに、剃髪なさったこと

を、後悔なさいますな」、などとおっしゃって、いろいろと尊い出家の教えを説いて、お聞かせになります。

ここに出てくる僧都源信は、碩学である高僧でなく、母親に対する時と同じく、人情味溢れる僧として登場します。すなわち、自殺をはかり行き倒れになった浮舟を救い、本人の望み通り出家を遂げさせるという、慈悲深い利他行の僧として描かれています。

末法の時代を生きる人々を、口称の念仏という誰でもできる易しい行為で極楽に誘う源信の実像を、紫式部は見事な筆致で描き出しているといえましょう。

さらには各地に、「迎講」という浄土に結縁する結社が結成されたり、行事が盛んに行われたりしました。そればかりでなく『往生要集』はやがて海を渡り、天台宗の発祥の地、天台山国清寺に納められるとともに、中国の人々にも、その念仏論は高い評価を得、大きな影響を与えました。源信は自分の念仏論の正統性を、仏教の先輩である中国に検証してもらおうと送ったのでした。

さて『往生要集』を書いたことによって、一躍、日本浄土教の祖師の立場に立った源信は、それにとどまることなく、寛弘三年（一〇〇六）には、『一乗要決』の執筆にとりかかりました。この著作は、最澄以来、師僧の良源に至るまで奈良仏教との間で決着のつかなかった「仏性論（三一権実論争）」について、最終の結論を出したものとして高く評価されています。

源信は、この『一乗要決』の最後を、「『法華経』の説く一乗思想（すべての人が成仏する教え）こそ大乗仏教の極致であり、極楽に念仏によって往生することこそ、その理念が結実したことになるので、すべての人々がそのように理解してほしい」という趣旨の偈文で閉じています。

このように源信は、天台仏教の中で浄土教の位置づけが不明確であったところに、改めて理論的根拠を与え、最澄のめざした真俗一貫の一乗仏教をさらに徹底させた、偉大な宗教家でありました。さらには、その念仏を通して鎌倉時代の法然や親鸞にも大きな影響を与えて、日本仏教の歴史に最も大きな足跡を残した一人であるといえましょう。

天海の面目——江戸時代を作った天台仏教者

江戸という時代

江戸時代は今から遠くなりました。日本は明治維新の大変革によって、近代国家を形成し、世界の列強に負けるな、とばかり富国強兵策をとり、発展を遂げました。しかし第二次世界大戦の敗戦という節目を迎えて、戦前のことに対して批判が高まり、また大改革を余儀なくされました。

こうした改革により、良い意味で大きな進歩を遂げて、今日の日本があると思われます。ところが一方で、日本の文化は明治維新と敗戦により二度にわたって大きく断絶されてしまいました。昏迷の現代といわれ、政治はふらつき、経済もはかばかしくない。そんな先行きの見えない今日の原因を考えてみると、二度の文化断絶によって日本の精神的な柱がぐらついたために、自分の立つべき足元が見えにくくなっているせいではないかと思うのです。

まず考えるべきは、明治維新となってからの日本は、なぜ列強に負けないように外国の技術や文化を急速に吸収できたのでしょうか。

みなさんご承知の通り、ただ単に大学を出たとしても、そこで学んだことは、社会へ出てすぐさま役に立ちません。基礎がしっかりしていない土台の上に建物を造っても、見かけは立派でも少し強い地震でもあると崩れてしまいます。それと同様に、大学でにわかに知識を詰め込んでみても、なかなか身につかないのです。だから明治になって急に努力を始めても間に合わなかったはずです。それなのに、日本がなぜ発展できたのかというと、それは基礎がしっかりとあったからなのです。

その基礎が築かれたのは江戸時代だったのではないでしょうか。古いと思われて切り捨てられてしまった江戸時代の文化は、このごろだいぶ見直されてきてはいますが、まだまだ学校の授業などでは十分に教えられていません。それを非常に残念に思います。

例えば、江戸の都とはどの程度の規模の街だったかというと、百万人が住んでいたといわれています。人口百万人といえば、当時は世界第一の都市であったのです。

それではこの都市の衛生面はどうであったかというと、花の都パリなどと比べたら見劣りがしただろうと思われがちですが、パリよりもはるかに衛生的な都市だったようです。さらに治安も良い街でした。

学問の上でも、関孝和《せきたかかず》という数学者が、微分積分といった高度な数学を編み出していました。その内容はヨーロッパと方法は多少違いますが、ほぼ同じ時期のことです。

教育といえば、寺子屋の制度が確立していました。これはなにもお寺に限らず、長屋などにあった私塾のことです。町人たち、今で言う一般人の子弟が、読み・書き・そろばん・行儀作法という社会生活の基礎を学びました。そのおかげで当時から一般大衆の識字率は世界一高かったといわれています。

そういう伝統の蓄積がきちんとあったがゆえに、江戸の文化は花開いたのです。さらにその文化はヨーロッパ芸術に大きな影響を与えました。

こうして眺めてきますと、江戸時代というのは決して世界に劣っていたわけではありません。ただ徳川幕府による非常に統制のとれた平和な時代だったために、軍備面の開発はいささか遅れました。そのせいで幕末にペリーが来航したり、英国やフランスが新兵器を持って外交を迫ってきますと、十分に対抗できませんでした。

そういうことが明治以降に影響し、富国強兵策に転じさせる要因となったのではないかとも思います。そしてその政策を支えうるだけの国民のレベルが高かったわけです。

ですから江戸時代も捨てたものではありません。むしろ誇りに思うべき時代なのです。そして、その時代を統治した徳川幕府の精神的なバックボーンが、実は天台宗の天海僧正と深い関わりを持つのです。

随風から天海へ

天海というと、一般には「黒衣の宰相」と思われています。しかしこれは間違いです。お坊さんの黒い着物、すなわち衣を着て幕府の政治に参画した僧侶は、実は南禅寺金地院《こんちいん》の住職崇伝《すうでん》のことです。このお坊さんは大変優秀な人で、武家諸法度など幕府の法律制度を整備するとともに、海外へ送る外交文書を起草するなど、家康の知恵袋として、今でいう内務と外務の両方を兼ねた仕事をしていました。この人こそ「黒衣の宰相」です。

天海は、政治には直接関与していません。宗教政策の面においてだけ、幕府の相談役になっていたのです。ところが家康、秀忠、家光の三代の将軍の心の師であったため、精神的な面で大きな影響を与えました。

天海についてはいろいろな伝説があって、明智光秀が生き延びて、天海となって豊臣家と対抗した徳川幕府を助けたなどという話があります。光秀は天海とともに生年がはっきりしないうえに年齢がほぼ合うので、明智光秀があのまま亡くなったのではかわいそうだという判官びいきから、この伝説が生まれたのでしょう。また、天海が足利十二代将軍義晴のご落胤であるという話もあります。

一方、天海が亡くなった年齢について、なんと百三十五歳であったというような伝説がありますが、実際には百八歳であったようです。この数字は百八の煩悩になぞらえて百八歳なのだろうという人もいますが、実は政府公認の記録として残っています。

「記家《きけ》文書」という皇室の公式な日記に、寛永九年（一六三二）に日光東照宮で営まれた徳川家康十七回忌の記述があります。その時、導師を勤めたのが「南光坊天海、御歳九十七歳」と記されています。そうなると逆算して、生まれたのは天文五年（一五三六）となり、寛永二十年（一六四三）十月二日に亡くなった時は、百八歳だったということになります。

天海の生地は今の福島県の会津です。その地方の豪族の蘆名《あしな》一族の一人であろうと言われています。十一歳で得度して、しばらく地元で研鑽していましたが、長ずるに及んで比叡山へ行き、勉学修行を重ねます。

それだけではなく、他宗である三井寺や興福寺にも行って勉強しました。当時は許されれば、宗派を超えてどこへ行くのも比較的自由でした。

比叡山にいた時、母親が病気になり、国許へ一度帰ります。その後、足利学校に入り、仏教以外の学問である、外典《げてん》の老荘思想だとか神道などを学びます。

当時はまだ天海ではなく、随風《ずいふう》と名乗っていました。その名の通り、あちこちへ随意に風の如く旅して勉強をしていました。

再び比叡山に上ろうとすると、ちょうど織田信長による比叡山の焼き討ちがあって上れません。一方、焼き討ち後、比叡山の僧侶たちは全国へやむなく散っていきました。戦国時代の当時、落ち着いて学問ができる場所はどこかというと、強い領主のいる安定した所です。そこで随風は比叡山を諦めて武田信玄の城下へ行き、信玄の庇護を受けて勉強をしました。

やがて六十四歳の時、川越の喜多院へ行きます。ここで豪海という人の門下に入って、天海という名をもらいます。かたや真言宗には、空海という高野山を開いた高僧がいますが、この空と海という大きな名前に負けない名前といったら、天台宗では天と海、すなわち天海ぐらいしかないでしょう。それほど天海はスケールの大きな人でした。

天海と家康

比叡山は天台宗の本山のみならず、日本仏教の中心でした。それゆえ信長の焼き討ちの後、ここをなんとか復興しようとしましたが、組織の受けた打撃が大きすぎて、内輪がなかなか収まりません。そこで徳川家康にこれをまとめてほしいという依頼がありました。

家康は、それでは立派なお坊さんを探してきて指導者にすればよいと考え、推薦させますと、喜多院の天海の名が上がりました。そこで家康の命によって天海が推挙され、比叡山に上ったのです。

山では家康の後押しでやって来る立派なお坊さんを待っていました。実はどんな人だろうと

慈眼大師天海画像（狩野探幽画）（寛永寺本覚院蔵）

みなが身構えていたわけです。ところが、天海は飄々とやって来て、朝から一日中、声明《しょうみょう》を朗々と唱えたり、やがて若い人を集めては、自分の学んできたことなどを講義したりしていました。復興の話など全くしないのです。

比叡山の僧侶たちが警戒しているのを知ってか、なに一つ指令を出すわけでもない。あそこに若い者を集めて密談している、と様子をうかがいに行ってみると、ただ仏教の講義をしています。そこで仕方なくその話を聞いているうちに、いつしか引き込まれ、天海の言うことをみんなが聞くようになったといわれています。包容力の大きな人だったのでしょう。

そのうちに見事に復興をやり遂げてしまいました。比叡山の復興を終え、天海はやがて比叡山からの帰りに駿府に寄り、徳川家康と対面することになります。これが運命的な出会いとなりますが、実はその時、天海七十三歳、家康が六十七歳でした。

記録によれば、すっかり意気投合し、お互いもっと早く知り合っていればよかった、と話し合ったそうです。天海に対面した家康は、立派なお坊さんであると感心し、話しているうちにすっかり天海を気に入ってしまいます。天海のほうもそうでした。

家康といえば、「たぬき親爺」というような、あまりよくない言われ方がされますが、これはおそらく明治以降、江戸幕府の業績を否定するために伝わった言い方ではないかと思われます。

たしかに、強権的なやりかたではなく、みんなの意見を聞きながら、じわじわと進めるものですから、このような見かたが出て来るのでしょう。しかしその政治的手腕には卓越したものがありました。

宗教に対しても家康は大変学識がありました。ですから天海と出会った後でも、「論義」といって、仏教の教義について問答をして理解を深めるという法会を、たびたび設けました。それまでの論義といえば、ちょうど今の国会の総括質問のようで、いくつも質問を先に並べて、最初にしてしまいます。答の方は、それからまた答だけを続けるのです。ですから議論が十分かみ合わず、結局、適確な答えになったのかよく分からないようなものもありました。それを天海僧正が一問一答形式に改めたのです。要点のよくわかるこのやりかたを家康がたいへん気に入って、多い時には半年で十五回といいますから、月に二回も三回も、こうした仏教の勉強会を催しました。

やがて天海は、家康の仏教理解のレベルが相当な域に達しているので、天台宗の正統な教えを受けた者としての認定書に当たる「血脈相承《けちみゃくそうじょう》」を授けました。

血脈というのは、仏教の家系図のようなもので、お釈迦さまから摩訶迦葉《まかかしょう》に伝えられ、やがて中国の天台大師を経て、その弟子に受け継がれ、さらに日本の伝教大師に伝えられ、その後、誰が正統に受け継いできたかということを記したものです。その血脈譜を授けられた者は、あなたは天台の正統な後継者である、ということが証明されるわけです。

家康はそれほどまでに勉強をしたわけです。そしてこれが大変重要なことになりますが、家康は、山王一実神道《さんのういちじつしんとう》という天台の神道も天海から伝授されました。これが後に徳川三百年の平和に大きな影響を及ぼすことになるのです。

神道を、なぜお坊さんが家康に伝える資格があるのか。今の人はみな不思議に思われるのではないでしょうか。

しかし元来、天台宗と真言宗は神仏習合で、仏教の教学の中に融合されて伝えられていました。天台宗の神道を山王神道といいます。真言宗は両部神道といって、胎蔵界・金剛界という両部の曼荼羅からとった名前です。そのほか吉田神道という純粋な神道の一派もあり、唯一神道と呼ばれています。兼好法師のお兄さんが大成したものです。

神道には、おおまかに分けると以上のような流れがありました。そして山王神道の創始者は伝教大師であり、その山王神道をさらに発展させて、山王一実神道を創唱したのが、天海僧正なのです。

日本には、国の発祥以来、神様がおられます。太陽にも山にも川にも石にも神が宿っている、いわゆる八百万《やおよろず》の神が存在するとして、自然に対する畏敬の念を持っていたわけです。その神様のお力をいただいて、われわれが平安に過ごすことができると考えてきました。

人間は自然のなかの一部に過ぎない、その自然と一体になって生きることで人間がほんとうの幸福を得られる、というのは、日本人あるいは東洋人らしい考え方であろうと思います。

それからもう一つは先祖です。仏教では亡くなった人は、五十回忌を過ぎればみんな先祖の仲間入りをします。しかしそれは神道による影響です。日本人には、先祖がやがて古くなると神様となって、その家を守ってくださるという考え方があるのです。その代表が皇室の先祖の神である天照大神で、一般の家庭の先祖の神は氏神です。

このような神道の流れの中へ、仏教が入ってきました。やがて神々は仏教の守護神となりました。仏教というのは非常に寛容な宗教で、土着の信仰と一緒に混ざって広がってゆくわけです。

山王一実神道とは

さて、では天台宗の神道である山王神道とはどんな神道なのでしょうか。山王とは山の王、すなわち神様のことです。伝教大師最澄が、仏法を求めて中国浙江省の天台山国清寺へ行った時、そこに山王祠《さんのうし》というほこらがありました。それは天台山の守護神でした。伝教大師はこの名前をもらい比叡山の神様を山王と名づけたわけです。

比叡山には最澄入山以前から、もともと大山咋神《おおやまくいのかみ》が祀られていました。それと、都が近江に移された際に、奈良から大己貴神《おおなむちのかみ》という皇室の神をお迎えしました。さらに、伝教大師が中国へ向かう途中で難破し、九州にしばらく滞在していた時、宇佐八幡をお参りしてその加護を願いました。

この三つの神様が、山王の主体になるのです。その三つの神を祀ってあるのが、比叡山麓にある日吉《ひえ》神社です。すなわち全国にある日吉神社の総本社です。日吉は日枝《ひえ》とも書き、比叡と同じです。

東京の赤坂にも日枝神社があります。これは、比叡山の日吉神社を川越の喜多院に勧請してあったのを、さらに太田道灌が江戸城を開く時に江戸の守り神として迎えたのです。ここの祭礼を山王祭といい、江戸の三大祭りの一つになっています。比叡山の守護神と江戸の守護神は同じであるわけです。

山王さんは和光同塵《わこうどうじん》の神とも言われています。「和光同塵」とは中国の老荘思想のことばで、たいへん優れた人が、優れた能力を内に隠してわからないように周囲にとけこみ、共に学ぶような姿勢でみんなを指導していくことです。仏の教えを、仏様そのままではなくて、神様の姿を借りて具現しているのです。

山王神道では、本地垂迹説により大己貴神（大比叡神）の本地仏が釈迦如来で、大山咋神（小比叡神）が薬師如来、そして宇佐八幡の聖真子《しょうしんじ》は阿弥陀如来だとして、山王三聖といっています。

そこで比叡山では、西塔に釈迦堂を建てて釈迦如来を祀り、いま根本中堂のある東塔には薬師如来を祀り、横川には阿弥陀如来の道場を造りました。さらに山王神道は天台密教によって理論づけが行われていきます。

この山王神道は、伝教大師が山王権現より授かり、桓武天皇に伝授し、歴代の天皇に相承され、やがて後水尾天皇から天海に伝えられてきたものです。そして天海は山王神道をもとに、山王一実神道を創唱しました。


徳川家康が亡くなった時、どういうかたちでお葬式をしたらよいかが問題になりました。遺言では、「亡くなった遺体は駿河の地主神を祀ってある久能山に納めて、お葬式は幕府の菩提寺である増上寺で執り行う。それからお位牌は自分の地元の菩提寺であった三河の大樹寺に祀ってもらいたい。そして日光に勧請して自分を祀ってほしい」と言い遺して亡くなりました。

遺言は具体的なようですけれども、いったいどういう形で葬ればよいのか。偉い人が亡くなりますと、明神や天神のように神様になると言われます。神様としてお祀りすればよいのか、それとも普通の人間として仏式で葬るのか、問題となりました。

議論の末、吉田神道で明神としてお祀りするということになり、久能山で吉田神道による儀式で家康の仮葬儀が行われるわけです。

しかし葬儀に関しては、その後も論議を呼びました。徳川第二代将軍秀忠はたいへん困って、天海を呼んで相談しました。

天海は、生前に山王一実神道の奥義を私が伝授したのであるから、家康公こそ明神でなく権現という神様になっていると主張し、それが幕府に受け入れられました。ただちに朝廷から東照大権現という権現号が下賜され、一周忌の時に遺体ごと日光に移して祀ることになります。

そして日光に東照大権現、すなわち家康を祀る東照宮という大規模な神社が建てられました。また江戸城の中にも大権現を勧請し東照宮が造られます。さらに有力大名がこぞって東照宮を建てて、「神君家康公」に敬意を表することになったのです。これは同時に徳川幕府に忠誠を誓うことを意味します。記録によれば全国に五〇八の東照宮が建立されました。

このように、神君家康公は幕府のみならず、日本の各大名をも精神的に統御する存在となり、徳川三百年の天下泰平の原動力にもなっていったのです。ここに天海の大いなる面目があったといえるでしょう。今も、ほこらのようなものまで含めると、東照宮は三〇〇ぐらいは残っているだろうということです。

さて山王一実神道では、山王神道をもとにして山王権現の本地を釈迦如来、東照大権現の本地を薬師如来、摩多羅神の本地を阿弥陀如来とし、これらを東照三所として、一緒に東照宮に祀ってきました。

京都御所の鬼門にあたるのが比叡山です。その比叡山は、日本の国の繁栄と皇室の安泰を祈る鎮護国家の道場であります。山王神道はその役割を果す思想として発展してきました。

そういう経緯があるものですから、江戸に幕府が開かれますと、天海は比叡山延暦寺にならって、江戸城の鬼門にあたる上野の台地に、鬼門封じと徳川幕府安泰を祈る道場として、寛永寺を建立します。

さらに、天海は生前から、皇室から住職を迎えることを考えていましたが、三代目の住職に後水尾天皇の第三皇子、守澄法親王を迎えることで、それが実現しました。

そこで各宗の管長が江戸に出て来るおりには、必ず寛永寺に挨拶をするという慣例ができ、仏教各宗を統率する役割を果たすことになりました。そこで釈尊の転輪聖王の名にちなんで、輪王寺の宮という称号が朝廷より下賜されました。このようにして江戸の鎮めの寺の権威が保たれ、それ以後歴代の寛永寺住職は輪王寺の宮と呼ばれ、江戸市民の誇りともなりました。

長寿の秘訣——天海のエピソード

寛永寺を建立した時、天海はすでに九十歳でした。川越の喜多院から十三里（約五十キロ）という距離を苦にもせず駕籠に乗り、上野の台地を視察、たびたび建設の指揮をとりました。その天海にはいろいろな逸話があります。そのなかの一つを紹介しましょう。

天海があるとき江戸城に参り、徳川三代将軍家光に会見した時、その席で柿を出されました。とてもおいしい柿でしたので、「種をいただいて帰ります」と言うと、家光が「どうしてそんなものを持って行くのだ、誰かに処分させればいいだろう」と言うのを、「いえいえ、これは大切にいただいてまいります」と言って帰ります。

それから十数年経ち、天海は立派な柿を持って家光のところへ出かけて行きます。そして、「これはとてもおいしい柿です、どうぞ召し上がってください」とすすめました。「これはなかなか見事な柿だ、どこで手に入れたのだ」というお尋ねに、「実は昔、ここで柿を頂戴した時に持って帰った種が芽を出し、こんなに立派な柿が実りました」と答えます。そして、「家光公は少々せっかちなようです、上に立つ人はもう少し長い眼で物事を見なければいけません」と説教をしたということです。

また、天海は幕閣に対し、政務の心得として次のような歌を残しています。

気は長く　つとめはかたく　色うすく　食ほそうして　心ひろかれ

これは大乗菩薩が修行すべき六つの徳目である、六波羅蜜（布施・持戒・忍辱《にんにく》・精進・禅定・智慧）の実践が大切であることを歌にして説いているのではないでしょうか。

気は長く＝忍辱、つとめはかたく＝精進、色うすく＝持戒、食ほそうして＝布施（貪らず人にまわす）、心ひろかれ＝禅定。これらの五つの徳目を実践することを通じて、本当の智慧が磨かれ、正しい政治を執ることができるというわけです。

一方、天海僧正は、まれにみる長命でしたが、生前、長生きの秘訣について聞かれ、詠んだ歌があります。

長命は　粗食　正直　日湯《ひゆ》　陀羅尼　おりおりご下風《かふう》　あそばさるべし

長生きするには、命を継ぐだけの食、すなわち粗食で十分であること。嘘を重ねたりしてストレスをためない、正直に限る。日湯とは、毎日お風呂に入ること。体を清潔にして新陳代謝を促すことが大切。陀羅尼とは、ここではお経を誦むこと、お勤めをして大きな声を出す。下風というのはオナラのことですが、ユーモアがありますね。悪いものはためないで出したほうがいい。これが長命の秘訣だというのです。

このごろよく、「キレる」ということを聞きます。どうも時代のサイクルが速くなって、ストレスがたまり我慢していられないのでしょう。

これは若い人だけではなく、年配の人も結構キレがちで、暴走老人なんていう言葉がでてきました。年をとって多少、気短になるのは生物学的にやむを得ないのかもしれませんが、困ったことです。少しでも天海を見習いたいものです。

江戸時代の平均寿命は四十歳くらいだろうといわれていますから、天海は六十歳を越えた家康に七十三歳で会って以降、すなわち普通の人の人生が終わる頃になってから俄然、活躍したわけです。

亡くなる数日前に、家光の命で狩野探幽に肖像画を描いてもらいます。これを寿像《じゅぞう》といいますが、自分で讃を入れたものが今も残っています。最期は、病むこと一日程度で亡くなったと言われています。

天海の遺業としては、一切経の印刷があります。これは「一切経」を、木活字を使用して印刷し刊行したもので、巻数にして六千五、六百巻が七〇〇ほどの箱に分けて入っています。わが国初のこの一切経は、一般に「天海版」と呼ばれています。当時としては版木でなく活字を使うという、技術的にも誇るべき画期的な文化事業といえます。

このように徳川三百年の精神的基盤を支え、文化的な貢献をしたのが、天海でした。明治政府による神仏分離令は仏教神道を廃絶に追いやり、日本の伝統文化に大きな打撃を与えたことは本当に残念です。廃仏毀釈によって多くの寺院が破却されたり、国宝的な文化財に匹敵する仏像、仏画、経典などが焼失してしまったのです。さらには伝統を軽視するあまり、秀れた絵画、浮世絵などが大量に海外へ流失していきました。

しかし政治的に分断されたものの、お正月になると善男善女が神社仏閣にわけへだてなく大らかに参拝している姿を見ると、庶民の心の中には、日本の信仰文化の伝統がまだ生きていることを知らされるのです。そのようなところにも、天海の面目は生きているのではないかと思われるのです。

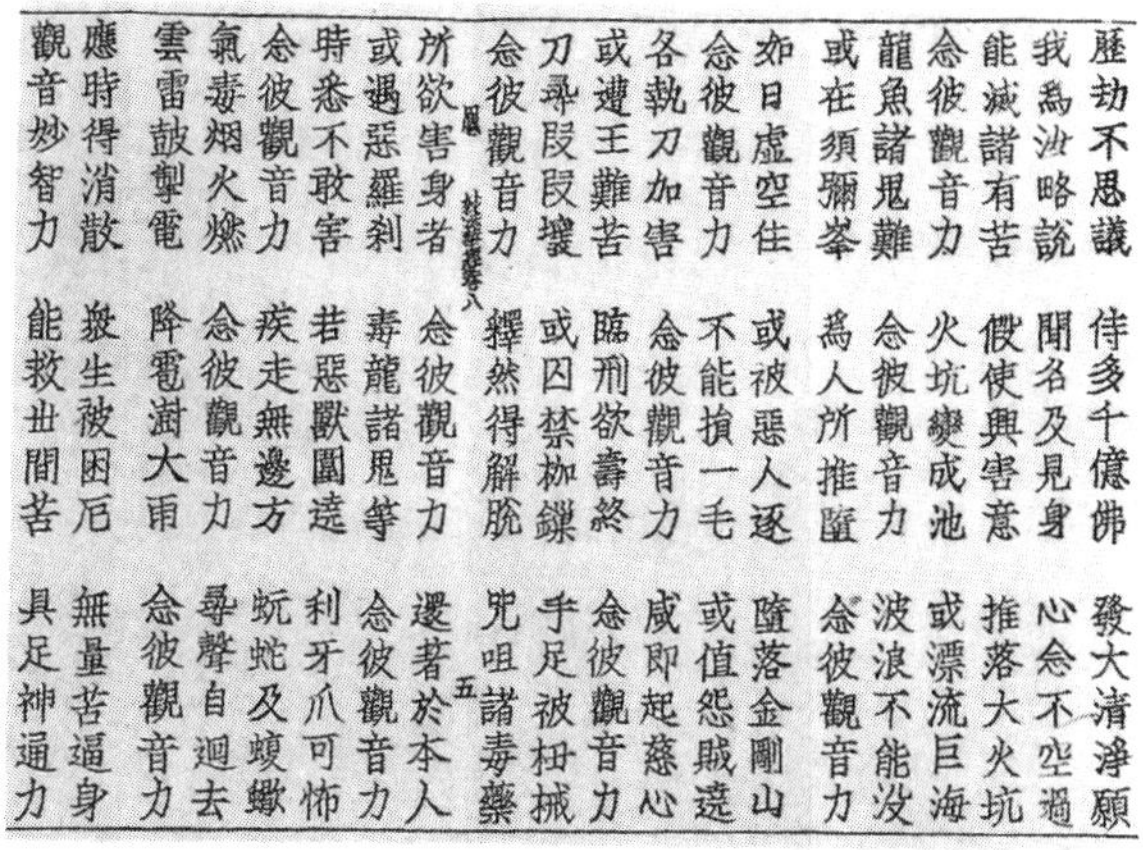
歴劫不思議　侍多千億佛　發大清淨願
我為汝略説　聞名及見身　心念不空過
能滅諸有苦　假使興害意　推落大火坑
念彼觀音力　火坑變成池　或漂流巨海
龍魚諸鬼難　念彼觀音力　波浪不能没
或在須彌峯　為人所推墮　念彼觀音力
如日虚空住　或被悪人逐　墮落金剛山
念彼觀音力　不能損一毛　或值怨賊遶
各執刀加害　念彼觀音力　咸即起慈心
或遭王難苦　臨刑欲壽終　念彼觀音力
刀尋段段壞　或囚禁枷鎖　手足被杻械
念彼觀音力　釋然得解脱　咒咀諸毒藥
所欲害身者　念彼觀音力　還著於本人
或遇悪羅刹　毒龍諸鬼等　念彼觀音力
時悉不敢害　若悪獸圍遶　利牙爪可怖
念彼觀音力　疾走無邊方　蚖蛇及蝮蠍
氣毒烟火燃　念彼觀音力　尋聲自迴去
雲雷鼓掣電　降雹澍大雨　念彼觀音力
應時得消散　衆生被困厄　無量苦逼身
觀音妙智力　能救世間苦　具足神通力

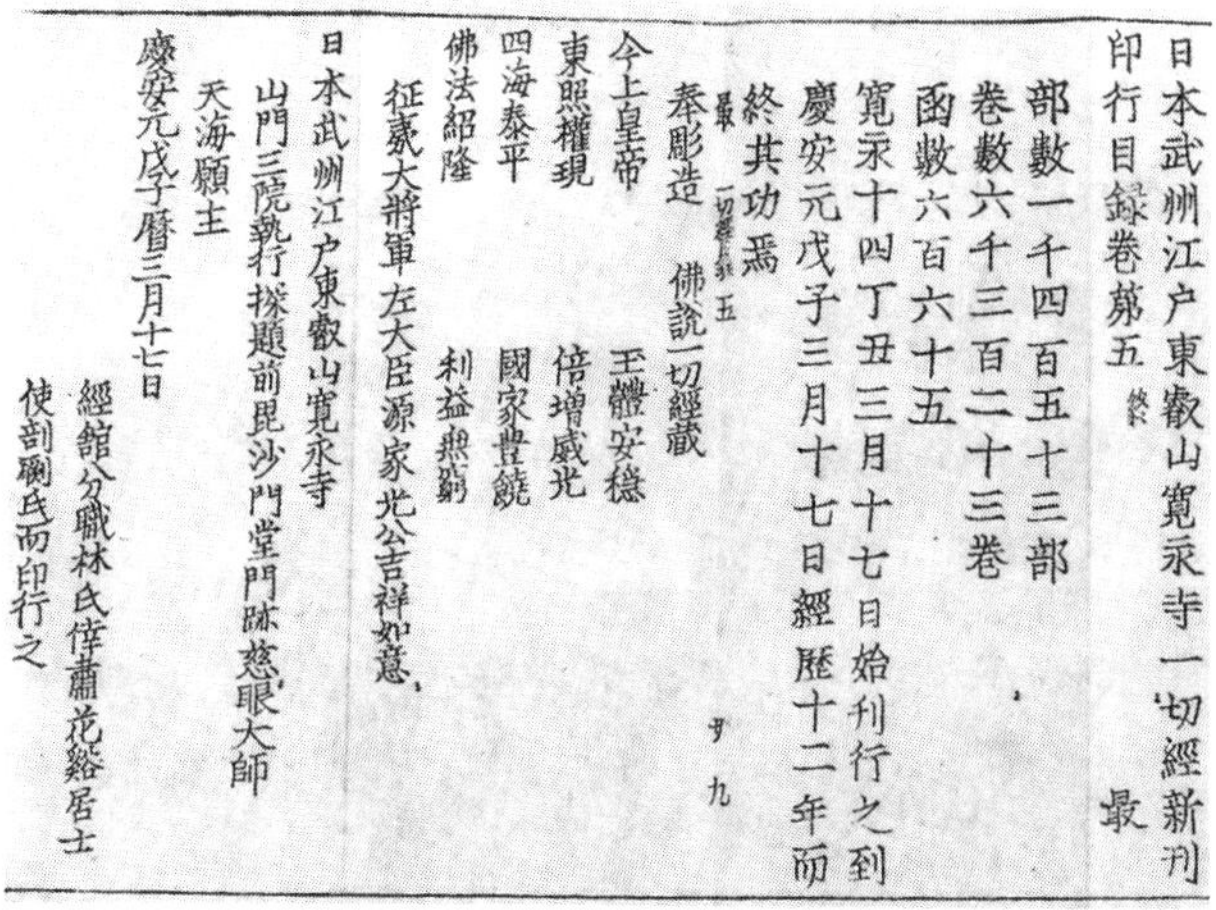
日本武州江戸東叡山寛永寺一切經新刊
印行目録巻第五 終　最
部數一千四百五十三部
巻數六千三百二十三巻
函數六百六十五
寛永十四丁丑三月十七日始刊行之到
慶安元戊子三月十七日經歴十二年而
終其功焉
奉彫造　佛説一切經藏
今上皇帝　玉體安穩
東照權現　倍増威光
四海泰平　國家豐饒
佛法紹隆　利益無窮
征夷大將軍左大臣源家光公吉祥如意
日本武州江戸東叡山寛永寺
山門三院執行探題前毘沙門堂門跡慈眼大師
天海願主
慶安元戊子暦三月十七日
經館分職林氏倖庸花谿居士
使剞劂氏而印行之

天海版一切経（寛永寺蔵）

Ⅲ

一隅を照らすこころ

「一隅を照らす」とは

朝、新聞を開くと、少年の非行が載っていない日がないようになってしまいました。それも凶悪犯罪が少なくありません。少年たちの心は本当に荒れているのです。

その原因としてまず学校がヤリ玉にあげられ、次に家庭が、そして社会全体が問題とされております。何か事件が起こるとマスコミは大さわぎをして、犯人探しをしますが、やがてつきものが落ちたようにケロリと忘れ去ってしまうことが少なくありません。しかし、事態はそれで解決されるわけはなく、ますます問題は大きくなっていくようです。

少年の非行、特にナイフ事件などの解決のために、今、国をあげて「心の教育」が叫ばれています。しかし、「心の教育」とは分かったようで分からない言葉です。感動する心やいたわりの心などを育む教育などといわれていますが、ストレートに「宗教心」といえないところに、この国の病根の深さを見ることができるでしょう。心といえば、宗教そのものであるはずなのです。

戦後、公教育の場から宗教を締め出してしまった日本は、憲法の定める「信教の自由」の美名のもとに、宗教を信じない自由をことさら押し付けてきたようにみえます。そのお先棒をかついできたのがマスコミで、宗教を扱うことをまるでタブー視しているようです。

その結果、倫理や道徳が廃れ、今日のような日本の状況が生まれたのです。宗教に根ざさない倫理や道徳は、切り花のようなもので、一見美しく見えても、やがて枯れてしまうことを知らねばなりません。

今日のような日本を生む予兆は、すでに五十年前ぐらいからありました。東京オリンピックが開催され、東海道新幹線や高速道路が開通、経済は高度成長期に入り「消費は美徳」というような言葉が流行りだした頃です。今世紀のはじめ、アメリカの経済学者パッテンが言い出したこの考え方は、当初アメリカでも異端視されていたものの、人間の欲望を正当化し、またたく間に世界を席巻し、日本にも上陸しました。

この頃、嫁入り先の条件として「家付き、カー付き、ババぬき」なる言葉も流行りました。かくしてお年寄りを拒否した家庭から仏壇はなくなり、家や車のローン支払いのため、親は共稼ぎとなって、多くのいわゆるカギっ子を生むことになりました。ところが今は、それが問題にもならなくなってしまいました。さらに物を与えることが愛情の表現と誤って育てられた子どもたちの将来は、今日を予見させるものでもありました。

そこで天台宗では、日本の将来に危機感を抱き、社会的使命を果たすために、「一隅を照らす」運動を始めたのでした。宗祖伝教大師は、法華経精神に基づく仏国土、すなわち誰でも等しく仏となれる国をこの世に建設することを願われました。この願いに添って生きることが「一隅を照らす」ことであり、この日本を、世界を、住み良くすることでありましょう。

しかし、誰にでも親しみ易い「一隅を照らす」という言葉の奥に、宗教的な深い大きな意味があることを知らねばなりません。

さて、平安の昔は正式な僧侶を養成するには、国の定めた制度に従わなければなりませんでした。ところが伝教大師は、ご自分の理想実現のためには、従来の奈良仏教の制度によらず、天台宗独自の新制度で、比叡山において僧侶を養成することが必要であると考え、朝廷に許可を求められたのです。

この「一隅を照らす」という言葉は、その請願書である『山家学生式』の冒頭にある、「国宝とは何物ぞ、宝とは道心なり。道心あるの人を名づけて国宝となす。故に古人の言く、径寸十枚、是れ国宝に非ず。一隅を照らす、これ則ち国宝なり」という文章に因んだものです。

請願書の性格から、非常に簡潔でしかも大変凝縮された文章ですので、説明がないと解りにくいと思います。

ここで伝教大師は、本当に人間にとって大切なものは「道心」であると述べ、次に朝廷に対して今、国にとって最も大切なものは「財宝」より「人材」であることを強く訴えるために、次のような中国春秋時代の国王の宝自慢の話を要約し、「径寸十枚、是れ国宝に非ず。一隅を照らす、これ則ち国宝なり」としました。

昔は公文書はすべて漢文ですので「一隅を照らす」という箇所の宗祖御真筆には「照千一隅」と見えます。ですから「しょうせんいちぐう」という読み方もありますが、古くから「照于一隅」とも筆写され「一隅を照らす」と読み習わされてきました。そして「一隅を照らす、これ則ち国宝なり」は、「道心ある人を名づけて国宝となす」と同義に解釈もされてきました。

天台宗では、新しい時代認識に立って、伝教大師のご精神を現代人の心の中に甦らせる信仰運動の名前を決めるに当り、その理念や実践が窺え、多くの人に親しみやすいものとして、「一隅を照らす」という言葉が選ばれました。物でなくて人、それも道心のある人が、今日ほど求められていることは、いまだかつてなかったのではないでしょうか。

春秋戦国時代、中国では大小いろいろな国が割拠して覇権を争っていました。その中で大国の斉の威王と小国の魏の恵王が会見したときのことです。小国の恵王は大国の威王に対し、次のような自慢をします。

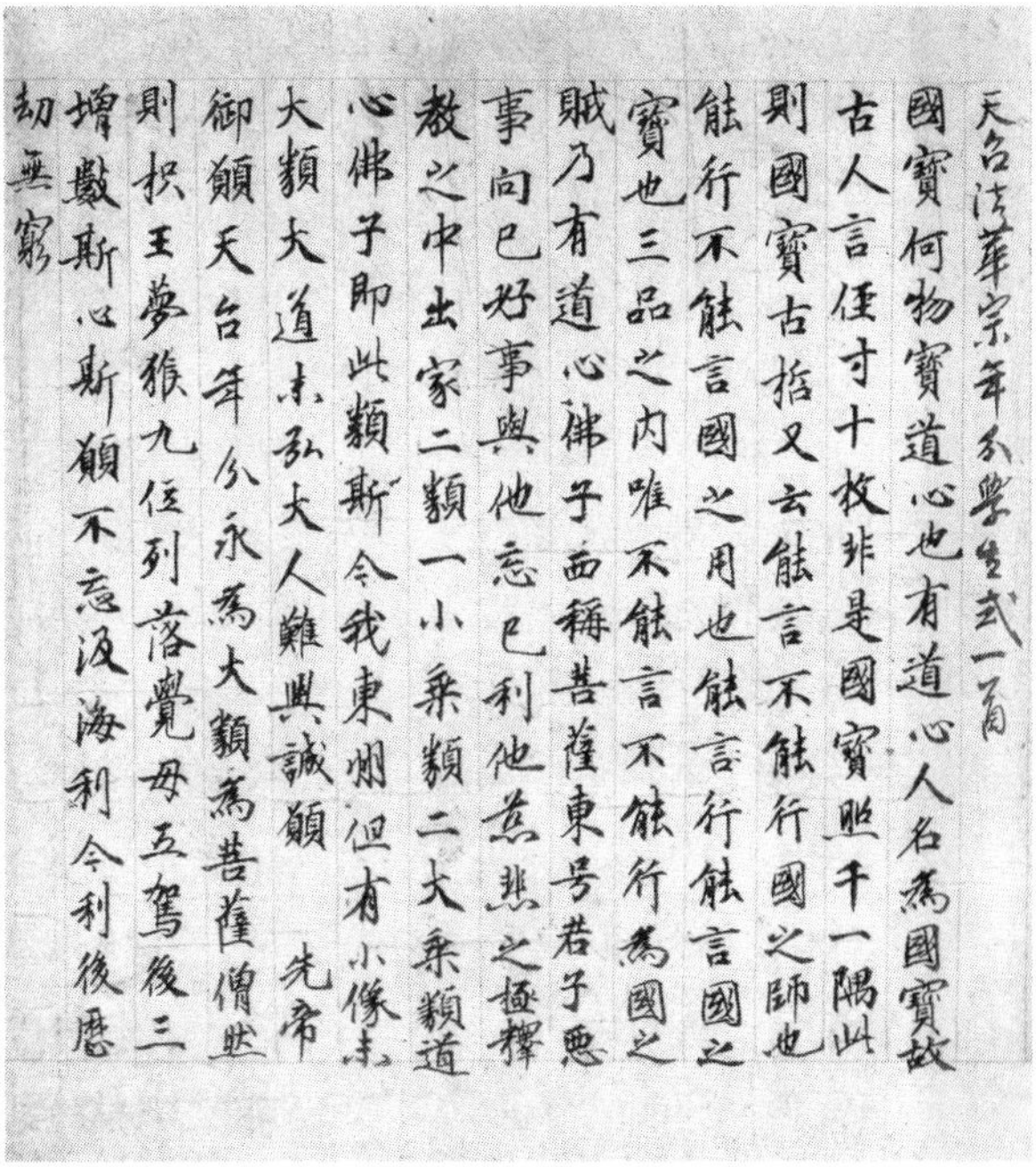
天台法華宗年分學生式一首
國寶何物寶道心也有道心人名為國寶故
古人言径寸十枚非是國寶照千一隅此
則國寶古哲又云能言不能行國之師也
能行不能言國之用也能行能言國之
寶也三品之内唯不能言不能行為國之
賊乃有道心佛子西稱菩薩東号君子悪
事向己好事與他忘己利他慈悲之極釋
教之中出家二類一小乘類二大乘類道
心佛子即此類斯今我東州但有小像未
大類大道未弘大人難興誠願 先帝
御願天台年分永為大類為菩薩僧然
則枳王夢猴九位列落覺母五駕後三
増數斯心斯願不忘汲海利今利後歴
劫無窮

山家学生式（伝教大師最澄真筆）（延暦寺蔵）

「わが国には直径一寸もある宝石が十個もあり（径寸十枚）、一つの宝石で戦車十二乗の前後を照らすことができます（戦車一乗には百人もの兵がつくというのですから、それが十二乗も並ぶと大変な長さの列になります）。貴国にはこのようなすばらしい宝石がありますか」と。

これに対し大国の威王は少しもたじろがず、「私の国にはそのような大きな宝石はたくさんはないが、檀子をはじめ、四人のすぐれた部下がおり、三人は国境を接する三国から、それぞれ我が国を守り、もう一人は国の治安を守っている。だから斉の国は外国から攻められることもなく、また国内で物を忘れても拾うものもいない。彼らは、それぞれ一隅を守ることによって千里を照らしているのです。どうして、戦車十二乗を照らす宝石などと比較できましょうか」。この答を聞いて、恵王は恥じて去ったという話です。

「己を忘れる」

伝教大師が朝廷に養成を願い出た「一隅を照らす」人とは、行学兼備で国の精神的指導者たり得る、国宝的人材のことです。

奈良から平安へと時代が移る変革期の日本は、人心が荒廃していました。ですから菩薩といって自己を律し、真理を求め、社会に献身する人材の育成こそ、急務であったに相違ありません。

実際、比叡山からは、伝教大師の指導によって、次々と有為な人材が輩出しました。彼らは比叡山に残って後進の育成に当ったり、全国を行脚して多くの人々の心に安らぎを与えるばかりでなく、地域の産業を興し生活の安定にも尽くしました。

文字通り「一隅を照らす」人といっても良いでしょう。ですから私たち凡人から見ると、とうてい近寄りがたく思われます。しかし伝教大師がめざした仏教は、すべての人々が、分け隔てなく救われる真俗一貫の一乗仏教であり、それが、日本中に行きわたることでした。

指導者の養成は第一の目的でしたが、究極には僧侶も一般の人も区別なく、みんなが、自分の「一隅」を見つけてそれを照らす、すなわち仏の命に目覚めることを願ったのです。

そして「一隅を照らす」という言葉を考えるとき、やはり『山家学生式』に出てくる、「己を忘れて他を利するは、慈悲の極みなり」という言葉を忘れてはなりません。この言葉こそ「一隅を照らす」運動の原点なのです。

そしてこの大慈悲心こそ道心の根本になければならないことを、天台大師は言っています。慈悲の慈とは、他人の幸福を自分の幸福のごとく喜べる心、悲とは他人の不幸を自分の不幸として分ちあい、共に悲しむことができる心をいいます。

お釈迦さまの弟子に周利《しゅり》槃特《はんどく》という人がいました。物覚えが悪く、経文どころか、自分の名前すら忘れかねません。そこでお釈迦さまは彼に、ただ兄弟子の靴のチリを払うことのみ教えました。

やがて彼は「われチリを払う」と言いながら、毎日兄弟子たちの靴を掃除しているうちに、ある日突然悟りを開くことができたのです。自分の靴は泥まみれだったかもしれません。しかし自分のことを忘れて、一所懸命、掃除をしているうちに、自分の心のチリまで払い落とすことができたのです。周利槃特にとっての「一隅」とは兄弟子の靴でした。

『法華経』に生きた宮沢賢治は「己を忘れる」ことを「自分を勘定に入れず」と表現しましたが、「己を忘れた」瞬間に、あなたのいる場所は「一隅」に変わるのです。もちろんその一隅に仏の目から見れば、優劣などあるはずもありません。しかしながら自分を真っ先に勘定に入れる人の多い時代、一隅を見ることはなかなか困難なことです。

人間は元来とても弱く、頭で分かっていても、なかなか行動に移せないことが少なくありません。そのためかえって自己嫌悪に陥ったりすることもあります。そこでまず目標を立てることが必要となってきます。すなわち仏さまに誓いを立てることが大切なのです。

伝教大師は二十歳で比叡山に籠ったとき、『願文』を書いて誓いをたてられました。「悠悠たる三界は純《もっぱ》ら苦にして安きこと無く」ではじまるこの願文は、高潔な名文が列なり、つとに有名です。

この中で伝教大師は、「自分の修行の功徳をひとりじめにせず、生きとし生けるものに注ぎ、みなの悟りが実現できるよう何度も何度も生まれ変わり、未来の際《はて》まで修行を続ける」と、仏さまに約束しています。これこそ「一隅を照らす」誓い、すなわち菩薩の誓願そのものです。

しかし私たち平凡な人間は、なかなか伝教大師のようにはいきません。けれども限りなく多くのご縁に支えられている自分の命を実感するとき、何物かが心を動かすのに気づくはずです。そんなとき、どんな小さなことでもいいから、人のためになることを実践する誓願を発したいものです。凡夫の祈りにも似た小さな誓願は、菩薩の大願にも匹敵することが『法華経』に説かれています。

このところ政治倫理や教育の問題など、どこかに吹き飛んでしまって、マスコミを賑わせているのは、景気対策ばかりです。もちろん経済構造も昔と異なり複雑ですから、その処方箋もそう簡単にいかないのは当り前でしょう。

しかし物が豊かになれば幸せになれると信じて、消費生活に走り過ぎた結果バブルが弾けて、不景気になったことを忘れてはいけません。物を安易にたくさん手に入れることができた反面、失ったものも少なくないという苦い経験を、もっとかみしめるべきではないでしょうか。

伝教大師のお言葉に「道心の中に衣食《えじき》あり、衣食の中に道心なし」というのがあります。道心をもって生きようとすれば、生活は何とか成り立っていきますが、いくら生活環境が整っても、それだけでは道心は生まれず、人間らしい生活とはいえない、とおっしゃっているのです。今こそ、この言葉を味わいながら、本当の豊かさとは何か、じっくり考えてみるべきではないでしょうか。

さて、景気対策もそうですが、何か新しいことを実行するとなると、表面に捉われてその本質を見失うことが少なくありません。「一隅を照らす」運動の発足もそうでした。特に具体的活動として何を実践するかが問題になったとき、いろいろな議論が出ました。

まず「伝教大師のご精神を現代に生かそう」というスローガンが掲げられ、伝教大師のご尊像が会員各家に配布されました。ご尊像に手を合わせる、拝む心を運動の出発点としたのでした。また経典読誦会、講演会なども各地で催され、さらには写経、募金運動なども推進されました。

しかしこれだけでは表面的には、従来からの信仰運動なのか、一隅を照らす運動なのか、なかなか区別がつきません。そこでどうしても「一隅を照らす」行動とは何か、というところに注意がいってしまいます。職場や地域でちょっとしたことでもいいから善い行いをすることが、一隅を照らす実践であるという意見があります。

もちろん他人に対する親切は、人間の道徳心の発露として尊いものですが、それがすべてであるとしたら、一隅を照らす運動は、単なる倫理運動に留まってしまいます。そうなると小さな親切より大きな親切の方が、優れていることになります。

一隅を照らすとは、常識的な尺度で回数や量の多いことをより尊いとするものではありません。己を忘れているか、すなわち内なる仏性の叫びから発せられているかを自分に問うことが大切なのです。

供養のための金持ちの煌々たる万灯が風に吹き消され、髪の毛を売って灯した貧者の一灯のみが残ったという『賢愚経《けんぐきょう》』の話ではありませんが、一隅を照らす実践とは、道徳や倫理をさらに超えたところにあるのです。

共生と奉仕と生命と

国連の平和維持活動（ＰＫＯ）の一環として、日本政府よりタジキスタンに派遣されていた、前筑波大学助教授で国連政務官の秋野豊さんが、現地で射殺されるという、悲劇が起こりました。

秋野さんはもとより危険を承知で出かけたようです。平和のためには、誰かが身を挺して働かねばならないという、強い信念の持主でもありました。彼は大学で国際関係学を専攻した学者でしたが、決して机上だけの学者ではなく、あくまでも実証主義者でした。

そして、その行動の根底には「なんで人は憎しみあい、殺しあわなければならないのか」という、人間愛がありました。学問とは理論と実践が調和して、はじめて社会に貢献できることを、身をもって示そうとした矢先に、凶弾に倒れたのでした。

伝教大師のお言葉に「能く行《よ》いて、能く言うは国の宝なり」というのがあります。実践と言論（学問）が共に優れている者こそ、国宝的人材であり、真に一隅を照らす人であるというわけです。秋野さんのような人こそ、一隅を照らす人といえましょう。現代の「一隅」は、足元にも、遠い外国にもあるのです。

さて一隅を照らす実践は、個人個人がそれぞれ自分の信念にもとづいてひとりで行なえばよい、という考え方があります。しかし、伝教大師のお言葉に「一身弁じ難く、衆力成じ易し」というのがあります。一人の力では限りがあるけれども、多くの人々の力を合わせれば、物事は成就しやすい、という意味です。

伝教大師が比叡山にはじめて梵鐘を備えるときの勧募の趣意書の中にある文章ですが、身分に関係なく大勢の人々の協力を求めています。したがって、この世の中少しでも住み良い社会にするために始められた一隅を照らす運動こそ、一人でも多くの共鳴者が必要であることは、いうまでもないことです。

一方、運動であるからには、それを聞いて誰にでも運動の趣旨が分かりやすいスローガンも必要です。そこで次の三つの目標を立てています。

(一) 共生、家庭のゴミを半分にしよう。
(二) 奉仕、家族みんなでボランティア活動をしよう。
(三) 生命、生命と叡智を明日に伝えよう。

ワインがブームになっています。何となくおしゃれな感じがするうえに、赤ワインは健康に良いといわれていますが、このワインブーム、喜んでばかりいられません。実は飲んでしまった後の空きビン処理に頭をかかえているからです。

ワインのビンはビールや日本酒のビンと異なり、形状・色彩などが千差万別で、再使用に不向きなのです。そこでリサイクルを試みようとすると、消費者の好みに合うビンを製造するにはコストがかかり過ぎ、採算が合いません。かくして引き取り手のない空きビンはゴミと化し、処分場をおびやかすという算段です。

このように現代は、欲望を少し膨らませただけで、新たなゴミ問題が生じます。たかがゴミなどといってはいられません。あの使用済み核燃料もゴミですが、将来はどうなるのでしょうか。ゴミ問題こそ人間の欲望が肥大化した象徴なのです。

便利で快適な生活を求め続け、大量消費の結果、オゾン層の破壊、酸性雨、熱帯雨林の減少、地球温暖化などを招き、とうとう地球の近未来に危険信号がつく始末です。この危機的状況を改善するには、今こそ人間が、他の生きとし生けるものと共に、この地球上に生かしていただいているという、謙虚さを取り戻すほかに道はないでしょう。

にもかかわらず、家庭の冷蔵庫から、食べられるはずであった食材が、一度も食卓にのぼることなく処分されることすらあります。それらの食材には作られた目的やいのちがあったはずです。最初のうちは心が痛んだ人も、やがて平気で冷蔵庫の品をゴミバケツに放り込むようになります。「もったいない」、「申し訳ない」の気持ちが薄らいだ人々は、いつの間にか自分の心が蝕まれているのすら気がつきません。

そこで一隅を照らす運動の実践目標のひとつに「共生＝家庭のゴミを半分にしよう」というのを取り上げました。しかし今はただ温室効果ガスを減らせばいいとばかり、自動車、電気製品など環境グッズの売込みが盛んですが一番の基本である『遺教経《ゆいきょうぎょう》』に説く「少欲知足」の精神こそ、最も味わいたいものです。

そしてゴミが半分になる頃には、人々の心は二倍に豊かになり、美しい自然も戻ってくるに違いありません。こんな詩があります。ご披露しましょう。

思いがけないところで
ハッとするような
桜に出会ったら
遠い昔
そこに苗木を植えた人の
手を思う

感動の涙で
かすんでしまうほど
見事な桜に出会ったら

花のない三百五十日を
黙々と世話する人の
まなざしを思う

忙しい日々に
潤いを与えてくれるのは
ふつうの人たちの
ふつうではないいちから

（廣野とみ）

一隅を照らす運動は、「ふつうの人たち」の運動であり、その「ふつうでないいちから」が、結集されたときのすばらしさを思わずにはいられません。先日山手線の中で、入口付近にころがっていた空きカンを当たり前のように拾って、下りていった女の子の後姿に、彼女のふつうである家庭の、ふつうでない教育を見たような気がしました。

四摂法のいのち

ボランティアという言葉が、私たち日本人と馴染みが深くなったのは、阪神大震災のときからでしょうか。特に多くの若い人々が救援にかけつけたことは、特筆すべきことです。かくしてボランティアという言葉は、十分に市民権を得たといって良いでしょう。

しかし、被災者の負った心の深い傷は、そう簡単に癒されるものではありません。そして突然の大災害という不条理に、やり場のない怒りを抑えかね、時にはボランティアにぶつける人も少なくありません。そんな中にあって、人々の息の長い奉仕活動は、大変尊いものです。

ところがボランティアの人の中には、自分の時間を犠牲にして、何とか役に立ちたいという強い自負心を持っている人がいます。一方、被災者は極限状況におかれておりますので、こんなとき強い善意は、暴力とすら感じられることもあるのです。

したがってボランティアとして最も大事な心得は、相手と同じ目線に立つということです。相手の立場に成りきることを仏教では同事《どうじ》といい、菩薩の重要な修行のひとつとしているのです。

『観音経』の中に、観音様がこの世で仏法を説かれるとき、相手の立場を考えて、仏や僧侶や、あるいは為政者、時には子どもの姿になるなど、いろいろな姿になって現れて、人々を救うと説かれています。まさしく同事行の実践です。

天台宗では、阪神大震災被災者救援、日本海重油回収などで、一隅を照らす運動総本部を中心としたボランティア隊を派遣するなど、素早い対応をしてきました。緊急時は組織的なボランティアの機敏な活動が特に必要です。

しかし日常、お年寄りや身体の不自由な人に、優しく思いやりのある言葉をかけることも大切です。これは「愛語」といって、重要な菩薩行のひとつです。さらに段差のある道や駅で車椅子の人が難儀している様子を見たら、率先して手を差し延べたいものです。

このような相手のためになる行為をすることを、利行《りぎょう》といいます。同事、愛語、利行に布施を加えて、四摂法《ししょうほう》といい、「菩薩」が人々を導く方法を仏教では教えています。

布施とは単に金品を差し出したり、教えを説くことだけではありません。『ジャータカ物語』には、老人の空腹を満たすため、我が身を献じようと火の中に飛び込んだうさぎの話があります。釈尊の前身であるうさぎは、老人に姿を変えていた帝釈天に助けられ、月に行きますが、うさぎの行為は慈悲の極致としての布施行といえるでしょう。

そして四摂法に裏付けられたボランティアこそ、信仰運動である、一隅を照らす運動の実践ということができます。伝教大師は『願文』の中で、「法界の衆生と同じく妙覚に登り、法界の衆生と同じく妙味を服せん」と誓っておられます。

この気持ちを体しながら、「家族みんなでボランティア活動をしよう（奉仕）」という実践目標に取り組みたいものです。

百年後に日本の人口は半分になる、といって大騒ぎしています。いわゆる少子化騒動です。少子化により、高齢者との人口バランスがくずれ、年金問題とか、労働力の確保の問題が重要になると声高に叫ばれています。

一方、少子化の原因はというと、低所得層や共働きの夫婦にとって、子どもを産む環境が整っていない、すなわち経済的負担が多すぎる、というのが主流の考えです。少子化問題の議論は、すべてお金にまつわる話といっても過言ではありません。

なぜか寂しい気持ちになってしまいます。子どもの多い少ないは、経済的環境のせいでないのは明らかです。今のように豊かでない時代の方が、子どもが多かった事実もあるからです。

経済発展とともに、いつの間にか人間の欲望がゆがめられて肥大化し、子育てを自分の人生における自己実現の中に捉え切れなくなった人々が、増えてきたのです。すなわち、自分のやりたいことが、子育てのためにできなくなるとか、人並みの教育を受けさせるには収入が足りないから子どもを産まない、などと短絡的に考えてしまうのです。

さらにはディンクスといって、人類の未来に希望が持てないので、子孫はつくらないといって、勝手に子どもを産まないカップルもいます。現代は子どもを授かる、という言葉が死語になってしまったようです。医学が進歩して、多少知識が増えただけなのに、あまりにも傲慢ではないでしょうか。

伝教大師は、人間として生命《いのち》を授かることがいかに困難であるか、お経を引用して、次のように説かれています。「法皇牟尼（釈尊）は大海の針、妙高の線《いと》を仮りて、人身の得がたきを喩況し云々」と。

すなわち、人間に生まれるということは、大海原の中の針を探すようなものであり（『菩薩処胎経』）、または、須弥山という非常に高い山から、その麓においた針に糸を通すようなものだ（『提謂経』）、というのです。

生命とは、自分たちで勝手気儘に産み出すものでなく、神仏のはからいによって授かるものだという原点を、もう一度見直す必要がありましょう。さらに、親から引き継がれた生命は、できることなら何とかして、次の時代に伝えていただきたいものです。

いのち〈自分の番〉

うまれかわり
死にかわり永遠の
過去のいのちを
受けついで
いまここに
自分の番を
生きている
それが

あなたのいのちです
それが
わたしのいのちです

（相田みつを）

この詩のように自分の生命自体、預かりものなのですから、大切にしなければならないのはもちろんですが、子どもも決して親の所有物ではありません。生命とはまさにそういうものであり、それに気づくことが、叡智であります。

自分の命が大切であれば、同様に他人の命も大切であることに気がつかねばなりません。そしてあらゆる命の大切さにも気がつくはずです。

誓願のこころ

さて、（一）共生、（二）奉仕、（三）生命のそれぞれの目標は、家族揃って実行するところに、本当の意義があります。

（一）の家庭のゴミを減らすのも主婦だけの努力ではだめですし、（二）のボランティア活動も、家族を犠牲にして、一人よがりで行っても長続きするものではありません。まして、（三）の生命と叡智を未来に伝えることは、家庭の創造そのものです。

家族がいかに重要であるかは、全米の話題をさらって感銘を与えた、モリー・シュワルツ氏の話を聞くと良くわかります。「家族とは単に愛だけじゃなくて、見守っている人がいますよ、とわからせてくれることだ」といい、お金も名声も仕事も、それに代わるものでないと述べています。

さらに子どもについて、「ほかの人間に対して完全に責任を持つという経験をしたければ、ぜひ子どもを持つべきだね」と述べ、友人も恋人も代わりにならないといっています。

最近の青少年犯罪の統計によると、お年寄りのいる家庭から少年院に入るような子どもが出ていない反面、非行少年の育った家庭の四五パーセントは崩壊している、とのことです。

一方では三十代の独身女性にアンケートをとったところ、九〇パーセント以上は結婚を希望していながら、そのうちの三〇パーセントは夫との同居を望んでいないという結果がでています。豊かさの副作用が育んだ利己主義が、ここまで家庭を追い込もうとしています。これらの社会状況を踏まえて、改めて家族の意味を実践を通じて捉えなおしていきたいものです。

そもそも一隅を照らす実践の発信基地は、各家庭の仏壇なのです。仏様に手を合わせ、ご先祖やいろいろなご縁に対する感謝を通じて、生かされている自分を自覚するとき、はじめて本物の他に対する思いやりが生まれてくるからです。

インダストリアルデザイナーの栄久庵憲司氏が、仏壇について含蓄のあることを述べています。「パソコンやテレビは情報文化社会に欠かすことができないが、祈りがない。仏壇に手を合わせると、先祖と会話が出来、自らの死後を思い、幸せを願い、過去・来世の宇宙と交信ができる。どれも祈りの力を必要とするが、仏壇から無限の情報がからだに降りかかる。人生の決断は、仏壇の前で手を合わせるに限る」と。

慈悲の支えである道心は祈りから生じます。そして祈りとともに「私はきっとやり遂げます」という約束の誓いを仏様にするのです。これを誓願といいます。この誓願を起こすことが一隅を照らす実践の出発点になるわけです。

誓願といえば『山家学生式』の最後に「斯《こ》の心、斯の願、不忘汲海（海を汲むことを忘れず）」とあります。お釈迦様の前身である大施《たいせ》太子《たいし》は、多くの人を救うために、龍王が持っている宝の珠を取りに行きます。艱難辛苦を経て一時は宝珠を手に入れるのですが、また取り戻されてしまいます。

龍は海の中に住んでおりますから、大施太子は再び宝珠を手に入れるため龍王を日干しにすると言って貝殻で海の水を汲み出し始めました。海の水を貝殻などで全部汲み出すなんてできるはずはないと龍王はたかをくくっていました。

ところが大施太子のその真剣な取り組みに打たれてだんだんと手伝う者が増えてきました。そして大勢で一斉に水を汲みはじめたのです。そこで龍王は本当に水がなくなるのではと心配になってきてついに宝珠を返しに来たという話があります。

この話は、誓願とは自分一人の力では不可能なことでも、自分を忘れるほど真摯なものであれば、多くの人々や神仏の後押しがあって成就することをいっています。

そこで伝教大師は、道心のある国宝的人材を養成するため「汲むことを忘れず」という大施太子の誓願に負けないほどの強い決意で神仏に誓願を立て、その旨を記して朝廷に『山家学生式』を上奏したのでした。

これほどの大願はなかなか起こせそうにもありません。だから私たちは小さな誓い一つでもいいのです。仏様の眼からみれば誓いに大小はありません。自分を忘れているか、本当に一隅を照らすつもりでいるか、その二つがこめられていれば、大願と差はありません。

「一隅を照らすこころ」の出発点は、まず小さな願を発する。それが単なる願いではなくて、誓願として仏様に約束して、こつこつと実践する。それが途中で挫折した時は、申しわけないが、また改めて願を発しやり直しますと、心から懺悔すれば仏様に許されます。そしてまた地道に始めるのです。

「一隅を照らすこころ」は自分の心の中にあり、一隅はすぐ身近にあるということを常に思っていてください。そして何か一つ、自分にできること、己を忘れて他を利することに願いを発してください。それが一隅を照らす実践となり、やがて一隅は千に通じ、宇宙全体を照らす光になるでしょう。

世界平和の願い――比叡山宗教サミットのことなど

「祈りさえすれば、平和がくるのですか？」

一九八七年八月、比叡山宗教サミットが開かれ、世界各地から宗教指導者が集い、平和の祈りを共に捧げました。これはその時、日本のマスコミの代表者から寄せられた質問です。

私はこの問いかけに愕然としながらも、次のように答えたことを覚えています。

「祈っただけですぐ平和が訪れることはありません。しかし、祈る心がなければ本当の平和は来ないでしょう」。

人間は有史以来、おびただしい数の戦争を体験してきました。そして科学技術の発展にともない、兵器も破壊力を増し、犠牲者の数も膨大なものになりました。特に二十世紀は二つの世界大戦があったために、戦争で命を奪われた人の数は、実に一億数千万人にものぼり、「戦争の世紀」とすら呼ばれています。

そして二十一世紀を迎えても、東西冷戦構造の崩壊により、一触即発の全面核戦争による人類滅亡の危機は去ったものの、世界各地で民族や地域紛争が勃発し、数多くの死者を出しています。さらには核の拡散問題が人々の不安を招いています。

このような現実に直面すれば、「祈り」などまさに蟷螂の斧だと、その記者はいいたかったのでしょう。一方、宗教者の中にも「祈るだけでは平和は来ない」と主張し、具体的な平和活動の重要性を説き、実践している人もいます。

しかし「平和の祈り」とは何か、この原点をきちんと踏まえなければ、真の平和は訪れないと、私は宗教者の一人として確信しています。

宗教と国際紛争と戦争と

さて、先年のイラク戦争において、当時のブッシュ米国大統領は勝利をキリスト教の神に祈り、フセイン・イラク大統領は自国の勝利をアッラーの神に祈ったことは、多くの人々の記憶に新しいことです。

しかし本来宗教における祈りとは、戦争に勝利をもたらすものでも、他の宗教に対して自分の信じる宗教の方が優れていることを証明することでもありません。人々がわけへだてなく幸福になるためのものであり、自らの至らなさを神仏に懺悔したり、許しを乞うものでした。

ところがいつの間にか、祈りの視点が神仏の側から人間の側に動き出してしまいました。すなわち人間のエゴイズムが祈りに投影され、神仏の願いと離れていきました。そのうえ、宗教的伝統を厳格に守ることこそ、信仰に忠実であるとされ、その姿勢がやがて独善を生むことにつながりました。

その結果、異なる宗教を信じる人々を抑圧したり、伝統に批判的な人々を異端として排除する動きなどが生まれました。さらにはそのことが紛争の原因となるばかりでなく、それを激化させることにもなりました。

かつてヨーロッパのボスニア・ヘルツェゴビナでは激しい民族紛争があり、二十万人を越える犠牲者が出ました。この紛争は宗教対立に根ざすものだと一般にいわれました。またパレスチナをはじめ、現在、世界では約五十ヶ所に及ぶ紛争がありますが、それらの多くが宗教摩擦だと指摘されています。イラク戦争にしても、キリスト教とイスラームの衝突、いわゆる文明の衝突だと定義する高名な学者もいるくらいです。

紛争当事者をみると、確かに宗教が異なることが少なくありません。そこで宗教が異なることが紛争の原因であると短絡的に結びつける前に、宗教が異なるということは、いったいどういう状況なのかを考えてみる必要があります。

宗教が異なると、ほとんどの場合まず民族が違い、話す言葉も違います。食習慣も異なれば、伝統文化も異なり、要するにすべて違うことが多いのです。例えば食物に関していえば、ムスリム（イスラームを信じる人）は豚を、ユダヤ教徒はイカやタコを、ヒンズー教徒は牛などを、それぞれ禁忌として食べません。

また安息日といって信仰のために仕事を休み、神に特別に祈りを捧げる日も、キリスト教徒は日曜日、ユダヤ教徒は土曜日、ムスリムは金曜日などと、それぞれ異なります。厳格なユダヤ教徒は土曜日は移動のための乗物にも乗りません。また敬虔なるムスリムは、普通の日でも一日五回メッカ（ムスリムの聖地）の方向に向かって、五体投地の礼拝を行います。

先年サウジアラビアに招待されたとき、その様子を目の当たりにして驚きました。例えばリヤドのスーパーでのことです。日本と同じように豊富な品が棚一杯に並べられており、一部は店の前の歩道に溢れています。

ところがお祈りの時間が近づいたことを知らせるコーランの調べが町中に響くと、客は一斉にスーパーを出て、自分の家か近くのモスクにお祈りのために向かうのです。そしてスーパーの店員は、歩道の商品を店内に移し、戸を閉めて、中でお祈りを始めます。

おそらく多くの日本人やアメリカ人は、お祈りのために店を閉めるなどは効率的でないというでしょう。人間は勝手なもので、どうしても自分のモノサシで相手を計るからです。

かつてギリシャでは都市国家の時代、異民族のことをバルバロイと呼びました。バルバロイとは「意味不明なことを話す者」ということだそうです。しかしバルバロイであるのはお互い様であるはずですが、どうしても人間には相手を低くみる傾向があるのです。このような関係のなかで、政治的・経済的利害が顕著になれば、対立がやがて戦争へ発展するのです。

現在の世界の紛争地域も、宗教対立のように見えていても、実際は必ず利害が絡まっています。さらにひとたび戦争が起これば、そこに宗教が動員されます。為政者にとって戦争を遂行するには、自ら属する集団を強化する必要に迫られるからです。そして外からの脅威を煽るために相手を野蛮呼ばわりし、一方自己の集団のアイデンティティを明確にしようとします。その装置として宗教が用いられるわけです。

かつての「鬼畜米英」「神国日本」のかけ声を思い出せば、このことは容易にわかります。また政治的野心を崇高なものに見せるためにも、宗教を利用します。ところがいざ戦争になってしまうと、逆に宗教のもつ独善性がむしろ対立を煽っていることも少なくありません。そしていつの間にか宗教戦争と呼ばれ、宗教が見事に戦争に協力していく構図ができ上がっていったのでした。

平和のために宗教ができること

人々の心に平安をもたらすべき宗教が、逆に人々を苦しめる戦争に協力したことに対する深い反省から、やがて宗教界に新しい動きが始まりました。さらに、米ソ対立を軸とする二極冷戦構造がもたらした全面核戦争の危機が、一層その動きを促進しました。

その動きとは、諸宗教がその垣根を越えて対話し、平和のために協力することをめざす運動です。すなわち宗教の負の遺産に対する厳しい批判に応え、平和のために宗教がどのような貢献をできるかが、喫緊の課題となってきたのです。

まずカトリック教会が第二回バチカン公会議（一九六一～六五）において、大胆な改革路線を打ち出しました。公会議とは、約百年に一度の割合で、カトリックの在り方を議論する会議です。この会議でバチカン（ローマ教皇庁）は、カトリック以外のキリスト教を破門してきた歴史を公式に誤りとして認め、それぞれ対等に協力する教会一致（エキュメニカル）運動を始めました。

さらにキリスト教以外の宗教の存在意義を認め、対話を通じてともに平和に貢献していくことを呼びかけることにし、そのための窓口として、諸宗教対話評議会を設置しました。この公会議では、若き日のヨハネス・パウロ二世前教皇やベネディクト十六世現教皇などが、実務的に大活躍をしました。

バチカンの宗教対話路線の端緒を開いたのは、ヨハネス二十三世教皇であり、それを公会議で正式に決定したのがパウロ六世教皇でした。そして幾多の批判を乗り越え、この路線を忠実に実践し、開かれたカトリックのイメージを定着させたのが、ヨハネス・パウロ二世教皇です。ヨハネス二十三世とパウロ六世の二人の教皇の名を自らの名にした教皇に相応しい活躍でした。

一方、バチカン以外でも、宗教の垣根を越えて相互理解を深め、世界平和のために献身しようという宗教者たちが、一九七〇年に京都に結集して、世界宗教者平和会議を開催、ヴェトナム和平の問題などが真剣に討議されました。

やがてこの宗教者の大会は、同名の世界組織へと発展していきました。さらに世界連邦運動にも宗教者がかかわるようになりました。そしてこれらの新しい宗教者の活動に、日本の宗教者も積極的な役割を果たしてきたのです。

その中でも天台宗は、一九八七年の比叡山宗教サミットでは中心的役割を果たし、今日まで毎年八月四日、比叡山上で諸宗教代表者による「平和の祈りの集い」を開催してきました。今や「宗教協力と平和」は天台宗にとって、宗祖伝教大師の精神を現代に生かす実践の一つとして、大変重きをなしています。

「平和の祈り」——比叡山宗教サミットが開かれるまで

さて、天台宗が世界平和について取り組むことになった契機は、葉上照澄阿闍梨とパウロ六世教皇、並びにアズハル（イスラム神学の総本山）総長ファハーム博士との出会い、そして山田恵諦天台座主とヨハネス・パウロ二世教皇の出会いによるといっても過言ではないでしょう。

日本の宗教者の中で、バチカンを儀礼的な表敬でなく、本格的な対話を求めて訪ねたのは、葉上阿闍梨が初めてでありましょう。パウロ六世の改革路線に共鳴し、その名代として働く、諸宗教対話評議会議長のピネドリー枢機卿と積極的に交流をはかりました。

その結果、一九七八年八月にローマ郊外のネミ湖畔で開かれた、日本バチカン宗教代表者会議は、宗教間対話史上、特筆すべきものだったと私は考えています。

日本側代表は、天台宗の葉上照澄師、神社本庁の徳川宗敬統理、立正佼成会の長沼基之理事長らが中心で、私は日本代表団の事務局長をつとめました。バチカン側は、諸宗教担当のピネドリー枢機卿のみならず、正義と平和委員会、無神論対話評議会の代表など、前例のない重要な布陣で対応しました。

会議終了後に接見したパウロ六世教皇は、ネミ会議の成果を讃え、ともに平和のために働くことを誓われましたが、その十日後に急逝され、私たちがパウロ六世に接見した最後の日本人となりました。パウロ六世教皇の訃報に接した時、葉上師と私はパウロ六世のお言葉を遺言と受けとめ、日本で近い将来、ぜひとも世界の宗教指導者を招いて宗教サミットを開催したいものだと話しあったことを思い出します。

それから九年後、比叡山の上空を取材のため旋回するヘリコプターの爆音が響きわたりました。そして最後の一機が飛び去ると、山上に設けられた宗教サミットの祈りの会場が、真空状態のような静寂に包みこまれました。

そこには万感の想いで空を見上げる二人の高僧がいました。山田恵諦天台座主と、宗教サミットの生みの親ともいえる葉上照澄阿闍梨です。それは一九八七年（昭和六十二年）八月四日のことでした。葉上師と同様、山田天台座主も宗教サミットには格別の思い入れがありました。

山田座主は一九八一年ローマ教皇ヨハネス・パウロ二世が来日した折、日本の諸宗教代表者とともに、東京のバチカン大使館に招かれました。その席上で教皇は、日本の宗教者に対し、異宗教間の対話の重要性を訴え、その根本には偉大な教師伝教大師最澄の「己を忘れて他を利するは、慈悲の極みなり」の言葉に宿る精神が大切である、と結びました。

これを聞いた山田座主は感激し、天台宗徒として宗祖に対する報恩のためにも、天台宗が宗教協力のために大きな役割を果たさなければならないと心密かに決意し、やがて宗教サミットの構想が生まれたといいます。

しかし山田・葉上両大僧正の宗教サミットへの想いが具体化するまでには、困難を極めました。宗教サミットを標榜する以上、主催団体が単に趣旨に賛同する有志の会であっては力が足りません。文字通り日本の宗教界全体が協力するような体制がとれなければ意味がないのです。

さらにはサミットという以上、世界の指導的宗教者の参加が必須条件でもあります。当時、宗教サミット準備事務局長の大役をいただいた私は、毎日細心の注意を払いながら薄氷を踏む思いで各教団を説得してまわりました。

当時は宗教間対話という概念が、理念的に十分浸透しているとはいえず、各教団から派遣されてくる実務者による準備会議は、毎回、激論が闘わされ、あわや空中分解かと思わせる危機も何度かありました。

しかしいろいろな問題を辛抱強く一つずつ乗り越え、ついにサミット会場は、複数の候補地の中から全会一致で比叡山と決定したのです。そのうえ主催団体の名称も「日本宗教代表者会議」と決まり、文字通り日本の宗教界が総力をあげて開催することになりました。

ところが、いよいよ一九八七年八月に、「世界宗教者平和の祈りの集い・比叡山宗教サミット」開催について、内外に公式発表をしようとしていた矢先に、突如、外電が飛び込んできました。ローマ教皇主催による世界宗教者平和祈願集会が、一九八六年十月イタリアのアッシジで開催されるというものでした。

このニュースを聞いたとき、世界初の宗教サミットをアジアで開催すると意気込んでいた私たちは、正直先を越されたという思いで落胆を隠せませんでした。しかし宗教指導者の対話が世界で喫緊の課題であることの証左が、各方面に伝えられたことも事実です。

アッシジの祈り集会に招待された山田座主は、翌年日本開催予定の比叡山宗教サミットの教皇への招待状を携えて、機上の人となりました。その折に私は随行を命じられ、現地での各宗教代表との折衝を担うとともに、教皇に座主から直接比叡山への招待状を渡す機会をつくるべく大変苦労いたしました。

一九八七年八月四日、ようやく真夏の太陽が西に傾き始めた頃、比叡山上は軽い興奮に包まれていました。世界の宗教指導者たちはともに平和を祈り、互いに肩を叩き合って平和のためにはたらくことを約しました。そして世界に発信された比叡山メッセージは、次のように結んでいます。

平和のために祈るべくここに集ったわれわれの営みが、世界の至るところで繰り返され、繰り広げられ、全人類が渇望してやまないこの大いなる平和の賜物が、われわれの時代に切に与えられんことを切に祈る。

かつて異なる宗教の指導者が空間と時間を共有し、ともに祈ることはシンクレティズム（宗教混淆主義）と批判され、西欧などでは考えられないことでした。しかし前年のアッシジでの祈り、そして比叡山宗教サミットは宗教史の大転換点であり、宗教対話を時代の潮流に押し上げる役割を果たしたのでした。アッシジの祈りはキリスト教各派が中心でしたが、比叡山では諸宗教が対等の立場で祈り、対話を行った点で、より一層の意義を深めたといえます。

山田座主はアッシジにおいて諸宗教の指導者を前に「このアッシジの平和の祈りの尊い精神をさらに世界に拡げるために、アジアである日本の比叡山で、明年八月宗教サミットを開催します」とスピーチを行い、アッシジ精神を讃えました。アッシジ集会はかえって諸宗教の代表者にとって、比叡山への関心を深める恰好の場にもなったのでした。

さて比叡山宗教サミットには、残念ながらローマ教皇の参加は得られなかったものの、名代のアリンゼ枢機卿、プロテスタントの世界教会協議会のグレゴリウス議長、趙樸初中国仏教教会会長など、錚々たる顔触れが比叡山上に揃いました。

また、カトリックの青少年の代表が世界の仲間から集めた十五万名の平和の署名をもって参加してくれました。さらにはマスコミの報道も、宗教関係の出来事としては未曾有のものとなりました。そして比叡山宗教サミットは数々の宗教協力の成果をあげ、歴史に輝かしい金字塔を打ち立てて、その幕を閉じました。

また振り返って見ますと、その約十年前に日本バチカン宗教代表者会議開催に三本の柱となった宗教がそのまま信頼を深め、指導的な役割を果たしたのでした。

すなわち天台宗の山田恵諦座主、神社本庁の徳川宗敬《むねよし》統理、立正佼成会の庭野日敬《にっきょう》会長の三人は、個人的にもお互いに敬意を払い、宗教対話の強力な推進者となりました。これらのカリスマ性を有し、強力なリーダーシップを持つ宗教指導者が、同世代に生き、同じ目的に向って歩むことこそ、日本宗教界の恩寵であり、時代の要請であったことが、今にして思われるのです。

天台宗の平和活動の基本理念

ではなぜ天台宗は、比叡山宗教サミットをはじめ、宗教対話の推進に積極的なのでしょうか。

第一回比叡山宗教サミット（1987年）

それは先に述べたように、宗祖伝教大師のご精神の具現化にほかならないと思います。

そして各宗教から選ばれた起草委員によって作成され、採択された比叡山メッセージを読むと、奇しくもそこに、宗祖のご精神が随所に反映されているので、そのご精神はどの宗教にも通じることが実感され、今更ながら驚きを禁じ得ないのです。

伝教大師は「妙法華のほかに一句の経なし」とも述べています。しかし、これは『法華経』以外に経典として認められるものはない、といっているのではありません。逆に釈尊が説かれた教説は、実はすべてが『法華経』であるというのです。すなわち『法華経』には「根本法華」「隠密法華」「顕説法華」の三種の『法華経』があるとしています。

根本法華とは、釈尊が開かれた悟りの内容そのものをいい、言葉では簡単に表現できない深遠なものです。隠密法華とは、『法華経』と経題はつけられていないものの、根本法華を理解するための手立てが説かれている『法華経』以外の諸経典をいいます。そして顕説法華とは、機縁が熟して釈尊が本懐とした、すべての人が救われる一仏乗の教えを言葉に表した『法華経』そのものをいいます。

ですから伝教大師は、天台宗の公認を朝廷に願い出た上奏文の中に、

一目《もく》の羅《ら》、鳥を得ることあたわず。一両の宗、何《いづ》んぞ普《あまね》くを汲むに足らん。

と述べています。カスミ網の一つの網の目では鳥を捕れないと同様に、一つの宗派ではすべての人々を救うことはできない。だから既存の奈良仏教の他に新たに天台宗を公認していただきたい、という意味です。

このような宗教観は、地球市民という現代の視点からみれば、キリスト教もイスラームもユダヤ教も、さらにその他の宗教は、すべて隠密法華であるということができると考えられます。それこそ仏教には、それぞれの機根に応じて八万四千の法門があるといわれていますが、それは仏教のみならず、人々の幸福と心の平安を願う宗教を指すといっても過言ではないでしょう。

一方、伝教大師は、いたずらに天台宗を論難する人々には厳しく対応しました。天台大師の「一目の羅、鳥を得ることあたわざるも、鳥を得るのは一目の羅のみ」という言葉を見れば思い当たります。「一つの網目しかない羅では鳥は捕れない。だから多くの網目がつながっている網でこそ鳥は捕らえられるのだが、鳥が引っかかっているのは、現実には一つの網の目である」ということです。

いろいろな法門が存在するのは認めるけれども、結果として人が救われるのは、一つの法門によるわけです。ですから、他の宗教の存在は否定しないけれども、自分の信仰を忠実に責任をもって説いていかなければならないとしているのです。いわゆる宗教混淆主義（シンクレティズム）を厳しく排しているのです。

さらに『法華経』を理解して実践する立場には二つの考え方があります。「破折《はしゃく》」と「融摂《ゆうしょう》」の二つです。

破折とは、智慧で相手を論破折伏していく立場です。一方、融摂とは慈悲で相手を救っていく方法です。伝教大師は、先に述べたように「己を忘れて他を利するは、慈悲の極みなり」といって、この慈悲行の実践者が菩薩であり、人間の理想像である融摂の法華の実践者であると説きます。天台宗の平和活動は、このような基本理念のもとに進められているのです。

仏教では仏の智慧と慈悲を説き、キリスト教では神の正義と愛を説きます。しかし宗教が智慧や正義に傾き、慈悲や愛を軽んじるようなときは、政治に利用されかねない危機的な状況にあるといわねばなりません。

そうであるからこそ、常に至らぬ自己を顧みるために祈り、また相手の立場を尊重するためにも、祈ることから始めなければならないのだと思います。

宗教対話と世界平和へのこころざし

次に、宗教者が宗教対話を通じて、紛争和解のために働いた具体例を一つ紹介しましょう。それはボスニア・ヘルツェゴビナの内戦です。一九九一年、ユーゴスラビアが分裂して、スロベニア、クロアチア、マケドニアが独立。残るボスニア・ヘルツェゴビナの去就については、民族の分布状況から国民投票に委ねられました。

この地域は第二次大戦後チトー大統領が出てユーゴスラビア連邦をまとめ、ソ連と対抗してきたものの、チトー死後、ソ連邦も崩壊すると、各地域が独立運動に突入しました。そしてついに内戦となってしまったのです。この地域はボスニア人（イスラーム）四三パーセント、セルビア人（正教徒）三一パーセント、クロアチア人（カトリック教徒）一七パーセント、残りがユダヤ教徒その他で構成されています。

投票の結果、独立を支持する人々が過半数を越えましたが、セルビア人民兵は武力で独立に反対、内戦に至りました。この紛争は民族の利害の対立に端を発しましたが、それぞれの民族の宗教が異なるところから、対立が一層先鋭化していきました。そこで事態を打開すべく、宗教指導者達が宗教の壁を乗り越えて立ち上ったのです。しかしこれは容易なことではありませんでした。

まずイスラームの指導者が、家族をセルビア人に殺されたのにもかかわらず踏み留まり、続いてカトリックの枢機卿も身の危険をおかして自らセルビア総主教（正教徒）を訪問し、対話を求めました。これにユダヤ教も加わり、ついにイスラーム、カトリック、セルビア正教、ユダヤ教の四宗教の指導者が揃って大衆の面前に姿を現わし、お互いの宗教を尊重して共に生きることの大切さを訴えたのです。

ボスニア・ヘルツェゴビナの場合、お互いの宗教を大切にするということは、それぞれの民族を大切にすることと同義語です。やがて四宗教による対話を促進する協議会が設立され、内戦の和平合意のため側面から積極的な働きかけが行われました。

そしてボスニアの宗教者を強く支援したのが、それぞれの本部組織でした。世界イスラーム連盟のオバイド博士、バチカン諸宗教対話評議会議長のアリンゼ枢機卿、ユダヤ教チーフラビのデビット・ローゼン師、ギリシャ正教コンスタンチノープルのバーソロミュー総主教らが支援に乗り出しました。

これらの宗教指導者たちは、世界における宗教対話活動の牽引者であり、すでにその活動を通じて相互の信頼を醸成していたことが大きな力となりました。もちろんボスニア和平には、日本の宗教者も積極的に支援しました。

これらの宗教指導者は一九九七年の比叡山宗教サミットには一堂に会し、さらにボスニアのプルヂッチ枢機卿も参加しました。そして二〇〇七年の比叡山宗教サミットには、和平になったボスニア・ヘルツェゴビナから子どもたちが参加しました。

彼らに平和というテーマで絵を描いてもらうと、一人の少女がキリスト教の教会と、イスラームのモスク、それにユダヤ教のシナゴーグのそれぞれの入口が、橋で結ばれている絵を描きました。とても印象的なできごとでした。宗教が共存することの大切さを身に滲みて感じているのです。内戦で土地や家を失った彼らの親たちは、人種を越えて、宗教団体の支援で共同農場を運営しており、笑顔が次第に戻りつつあります。

宗教対話が成立するためには、次の三要素を欠くことができません。

(一) 対等であること。

(二) 相手に敬意をもつこと。

(三) 相手に無知であってはならないこと。

そして当初は共通点よりむしろ違いを認識する方がたやすいでしょう。さらにその違いをお互いに許し合いながら、実践面で共通点を見つけて協力しあうことから始めるのがよいと思います。

一つの例をあげれば、ドイツのカトリックの神学者で「地球倫理財団」の会長を務めるハンス・キュング博士は、諸宗教の普遍的倫理を「地球倫理」と表現し、次の四つをあげています。「殺すな（生命を尊重せよ）」「盗むな（正直に公正になせ）」「嘘つくな（真実を話し、行え）」「性的不道徳を犯すな（お互いに尊重し、愛せ）」。そしてこれらを「四つの取り消し不能な教令」ともいっています。

この四つの教令の内容は、古来からどの宗教にも共通するものといえるでしょう。ですから共通の行動原理となり得るわけです。このような行動原理にもとづき、紛争や対立などさまざまな問題解決に、諸宗教が協力して取り組む道が開かれていくことを切に望むものです。

特に、二〇〇一年九月十一日のアメリカ同時多発テロ（九・一一事件）発生以降、世界は新しい対立軸の中に放り込まれたように思われます。常に世界の近代文明を牽引していると自負しているグループと、自分たちの存在が常に不当に圧迫されていると感じているグループとの対立です。

これをキリスト教圏とイスラーム圏との対立と皮相的な見方をする人がいますが、それは誤りです。しかしキリスト教とイスラームの間に十分な対話と信頼がないのも事実です。このような情勢の中で、仏教の役割が期待されることも少なくありません。比叡山宗教サミットの意味が、いよいよ重くなっていくでしょう。

平和を求めることは、坂道で荷車を押しているようなものです。少しでも力や気を緩めれば荷車が下がってしまうように、平和も遠のきがちになります。仏教者の場合なら、弥勒仏の出現まで努力を続けていくという、気概が必要でありましょう。

天台をいまに生きる

祈りに生きた山田恵諦座主

「私は十九世紀、すなわち一八九五年に生まれ、二十世紀を生きぬいてまいりました。しかしその大部分は、日清、日露戦争、満州事変、第一次、第二次の世界大戦、その後の米ソの対立、いわゆる東西の冷戦と核戦争の危機に直面した時代であります。

しかし昨年九月のポーランド訪問では、東欧の自由化、東西冷戦の壁が音をたててくずれる様子を目の当たりにしました。そして私はなんとしても二十一世紀まで生きぬき、次代を担う世界の子どもたちが幸せに生きられる環境が到来することを、この目で確かめたいと念願しております」

これは平成二年（一九九〇）七月、アメリカ、ニュージャージー州のプリンストン神学校で開かれた、子どものための宗教会議における、山田座主の講演の一部です。山田座主は九十五歳の高齢も厭わず、平和のために渡米し、さらには中国天台山、ハワイ天台宗別院と、亡くなられる三ヶ月前まで海外への巡錫を続けられました。

そしてその矍鑠振りは、きっと二十一世紀までお導きいただけるに違いないと、誰もが信じておりました。ところが平成六年（一九九四）の正月を迎える晦日から元旦までを、厳冬の比叡山上根本中堂でご祈禱されてから体調を崩し、二月ににわかに遷化されたのです。数え年ちょうど百歳でした。

「祈り」ということ

兵庫県揖保郡太子町には聖徳太子創建と伝えられる斑鳩寺《いかるがでら》がありますが、ここが山田恵諦座主出生の地です。聖徳太子の徳風を幼い時から聞かされて育った少年は、聖徳太子が仏教への造詣が深いことを知り、僧侶になることを心に決めたそうです。そしてやがて比叡山に登ることになったのでした。

比叡山とは、聖徳太子の理想を実現するべく、伝教大師最澄が籠って修行し、天台宗を開いたところです。今から一千二百年も昔のことです。聖徳太子は中国天台宗第二祖南岳慧思禅師の生まれ変わりであるという、強い信仰にも似た伝説があります。ですから聖徳太子と天台宗は、大変深い因縁で結ばれているわけです。さらに山田座主のご遷化の日、二月二十二日は聖徳太子のご命日であったことにも驚かされます。

私がはじめてお座主の謦咳に接する機会を得ましたのは、伝教大師一千百五十年大遠忌の時でありました。その日は天台仏教青年会が報恩法要をつとめる日であり、その代表であった私が、その日の法要の導師をつとめることになっていました。

そこでお座主様のところにご挨拶に参上いたしますと、「ご苦労さん。今日は、私の代わりにお大師様のおつとめをしていただきますので、座主用の七条の着用を特に許します」。低頭している私の頭上を、荘重な声が通り過ぎ、私の頭が畳に着かんばかりに、なお低くなりました。そして恐る恐る顔をあげると、そこに厳めしいお座主の顔があり、思わずまた頭が下がってしまいました。あたりの空気がピリッと張りつめているように感じられました。

そのようなことがあったので、法要中は衣がとても重く感じられ、緊張しっぱなしであったことを覚えています。これは、山田大僧正が座主に上任される直前のことで、当時、病に臥されていた菅原栄海座主のお代理時代のことでありました。

比叡山に入った山田座主は、看経地獄という名があるほど、経典読誦が長く厳しい横川で長年修行されました。やがて執行《しぎょう》に選ばれますと、境内地の国からの払い下げを実現させ、比叡山憲章をつくって開発から比叡山の保全に当たるなど、延暦寺の経営に敏腕を振われました。その様子は日経新聞の「私の履歴書」にも描かれています。

山田座主は常々、「私は日清戦争に生まれて、日露戦争で得度して、第一次大戦で兵役をつとめ、太平洋戦争で一つの悟りを得た」とおっしゃっていました。

この悟りとは、終戦末期に沖縄へ仕事で赴いていた山田座主の、当時四十九歳の体験にもとづくものです。すでに当時の日本はほとんど戦力を失い、帰りの船は、敵国の潜水艦が出没する海域を、護衛艦もつかない無防備の状態での単独航海を余儀なくされました。いつ撃沈されても、何の不思議もない状況だったのです。

そして乗船予定の船の出航が二十五日後であると決まりましたが、そのとき同時に、千五百名の中学生も一緒に乗船することを知らされました。そこで座主は、自分は覚悟ができているから構わないが、十四、五歳の少年少女たちを無惨に死なせてはならないと考えました。そして僧侶として自分にできることは、全身全霊をもって神仏に航海の安全を祈ることしかない、という結論に達したのです。

それから乗船までの二十五日間というもの、睡眠時間を減らして、一心に『観音経』を読み続けました。もちろん航海中も、ただひたすらに祈り続けたのです。このようにして決死の航海を無事乗り越えることができたのでした。

この体験によって、山田座主は祈りの意味のみならず、その重さを仏様から直接、授けられた、と述懐されています。そして山田座主の祈りは、戦後二十年間は比叡山の復興のために向けられました。さらにその後の二十年、すなわち天台座主上任からご遷化までの間は、世界平和のために向けられたのです。

そして亡くなる前日まで、祈りは一度も休むことがありませんでした。山田座主の一日は早く、午前四時から始まります。僧服を整えて仏前に座して朝の勤行を終えると、戒名を唱えては一抹のお香を焚き、丁寧に合掌されます。唱えられる戒名は、今まで山田座主がお世話になった人々の戒名だそうです。その戒名はすべて暗記しておられ、一時間以上も続けられます。祈りと感謝の念をそのまま一生貫き通されたといえましょう。

啐啄同時――山田座主とヨハネス・パウロ二世教皇との出会い

啐啄同時《そったくどうじ》という言葉があります。鶏卵がかえるとき、ヒナが殻の内から鳴く声を啐、親鳥が外から殻をつつくことを啄といい、これが同時であることを、またと逃がしてはならない時機の意味に用います。昭和五十六年（一九八一）、ローマ教皇ヨハネス・パウロ二世聖下が来日した際の、山田座主との出会いはまさに啐啄同時であったといえましょう。

ローマ教皇は、山田座主をはじめ日本の宗教代表者を前にして、「皆さんの偉大な教師である最澄の言葉を用いるならば、『己を忘れて他を利するは、慈悲のきわみなり』の精神こそ、宗教協力に最も大切なものであります」と述べられました。これを聞いた山田座主は、伝教大師の開いた比叡山で、宗教サミットを開催し、宗教協力を通じて世界平和に貢献しなければならない責任を感じたといいます。

それ以後、山田座主の平和のための海外巡錫は次第に多くなりますが、九十歳を越えての外国旅行ですので、その精神力には本当に感嘆させられました。イタリアのアッシジ、ポーランドのワルシャワ、オーストラリアのメルボルン、そしてアメリカのプリンストンへ、さらには再びヨーロッパのベルギーのブリュッセル、そのほか中国の天台山、韓国のソウル、ハワイの天台別院と、山田座主は精力的に海外を駆けめぐられました。

そのほとんどに同行を命じられ、お伴をさせていただいた私には思い出が尽きません。海外に歩を進めるようになった座主の表情は、かつての厳しさがすっかり影をひそめ、温顔そのものので、そしてなんともいえないありがたさが感じられるようになりました。

比叡山をなんとか復興しなければという強い信念で突き進み、その目的を達成された座主の御心は、逆に解き放たれ、平和のために世界をやさしく抱み込む気持ちになられたのでありましょう。

ローマ教皇の呼びかけによる、アッシジの平和の祈りの集い（一九八六年十月）に招待されたときのことでした。当時は十三時間の飛行機による長旅で、ローマのホテルに着いたときは、

山田恵諦座主とヨハネス・パウロ二世教皇

めたのです。

座主は相当お疲れの様子でした。しかし部屋に入って、座主は旅装を解くこともなく、随行にカバンから日記帳を取り出させると、「昨日は飛行機の中であったので、いつも朝方書く日記が一日脱けてしまうところじゃった」と呟きながら机にむかい、サラサラとペンを動かしはじめたのです。

座主を部屋までお送りして、自室に入ったらとりあえずベッドの上にひっくり返ろうと考えていた私は、一撃を喰らったような気がしました。座主は翌日の朝、前日の日記を認めるといいます。前日のことを思い出しながら書くことは、老齢になると記憶力を鍛えるのによい方法だというわけです。座主は何事にも前向きの人でありました。

アッシジでの平和の祈りは、真冬を思わせる厳しい寒さの中、聖フランシスコ教会の野外に設けられた舞台の上で行われました。

「聖者フランシスコが光明を見た、このアッシジにおいて、みんなが一体になって祈るとき、平和と大義の共通の立場を、全世界に証明することになろう。聖者フランシスコと共に、人類の幸福と平和を望んでやみません」

こう結ばれたローマ教皇のスピーチは感動そのものであり、いつまでも共鳴の拍手が鳴り止みませんでした。そして翌日、この聖フランシスコ教会で開かれた、世界の諸宗教代表者による会議の席上、山田座主は発言を求められました。

「明年八月、日本の比叡山において、宗教サミット平和の祈りの集いを、このアッシジにおける、開かれた精神を継承して開催する予定であります」と述べると、やはり万雷の拍手でもって、この提案が受け容れられることになりました。それはいよいよ比叡山宗教サミットが公式に動き出した瞬間であり、比叡山の新しい歴史がはじまる一瞬でもありました。

山田座主はアッシジにおいて、ローマ教皇ヨハネス・パウロ二世と再会、さらにランシー英国国教会大主教、バーソロミューギリシャ正教大主教など、錚々たる宗教指導者に比叡山宗教サミットへの協力を呼びかけました。事務局のお膳立てにひと言も注文をつけることもなく、年齢にしてはかなり厳しいスケジュールを、積極的にこなしてくださいました。

アッシジからローマに再び戻り、すべての日程が無事に終了し、いよいよ帰国する朝のことでした。座主の部屋に挨拶にうかがうと、「杉谷さん、これからはもっと苦労をかけますよ。お土産を買うひまなどなかったじゃろう。これは奥さんにローマのお土産じゃ」。

いつの間に手配されたのでしょう、アクセサリーの入った小箱をそっと出されたのです。それからというもの、わが家でも山田座主の人気が上がったのはいうまでもありません。

東洋の聖者――世界平和に賭ける

昭和六十二年(一九八七)八月四日、比叡山上は異常な興奮に包まれていました。比叡山で平和を祈るべく世界の宗教指導者が集ったからです。

そして「祈ることから平和は始まる」という信念に裏づけられて、比叡山宗教サミットが大成功に終わったことは、すでに多くが語られ、また報道もされたことですので省略します。しかし、この祈りの集会で山田座主を一番感激させたものを、紹介しないわけにはいきません。

それは、カトリック系の精神運動団体フォコラーレの少年少女の代表者十二名が、世界中の仲間たち約十五万名の平和の署名をもって比叡山宗教サミットに参加し、その署名を直接、座主に手渡したことでした。山田座主はそれ以来、一層、将来の平和の担い手である子どもたちに心をかけるようになりました。

フォコラーレの子どもたちとは、その後も心温まる交流が続けられました。フォコラーレには、その運動に貢献のあったカトリックの人々の過去帳があり、その人の命日には世界中のメンバーが祈りを捧げることになっています。その中になんとカトリックでない山田座主の名があり、「二月二十二日には、みんなでお祈りしています」と、座主が亡くなった後にフォコラーレ本部を訪れたとき見せられ、その絆の強さに感じ入ったのでした。

子どもを想う座主の気持ちは、十二時間も時差のあるアメリカに行く決意にもつながりました。平成二年（一九九〇）、ニュージャージーのプリンストン神学校で開催された、ユニセフと世界宗教者平和会議（ＷＣＲＰ）共催による、子どものための宗教会議です。

この会議では、「これから十個のパンを十五人で仲良く食べることができる子どもを育てなければならない。それには宗教を大切にする家庭における胎教が最も大切なことです」とスピーチをされました。

プリンストンでの宿泊先は、「ナッソー・イン」という名前のホテルでした。ホテルに到着して、天台宗関係者の部屋が決まり、みんな落ち着いた様子なので、それを座主に報告申し上げると、「そうか、みんな部屋に入ったか。僧が部屋に納まる。なるほど納僧《なっそう》イン（in）だ。このホテルはいい名前だ。ハッハッハ」。こんな冗談をいっては我々の気までほぐす気配りには、ただただ脱帽するばかりでした。

比叡山宗教サミットの際、全世界に発信された比叡山メッセージは「平和のために祈るべくここに集ったわれわれの営みが、世界の到るところで繰り返され、繰り拡げられ、全人類が渇望してやまないこの大いなる平和の賜物が、われわれの時代に与えられんことを切に祈る」と結ばれています。

このメッセージに盛られた比叡山精神を体現しようと固く決心されていた山田座主は、サミットの翌々年の平成元年一月、オーストラリアのメルボルンで開かれた第五回世界宗教者平和会議に参加しました。そして灼熱の太陽の下で、はるばる比叡山から持参した不滅の法灯を安置して、平和の祈りを捧げました。

さらに同年八月には解放直前のポーランドのワルシャワ空港にその姿を見せました。ポーランド行きは飛行機の乗り継ぎにトラブルがあり、休む間もなく空港から会場へ直行し、開会式にやっと滑り込むことができるというハードスケジュールでした。セント・エジディオ共同体主催の世界宗教者平和の祈り集会に出席するためでした。

十万人もの市民が集ったワルシャワ広場での山田座主の演説は、聴衆に大きな感銘を与えました。広場から宿舎のホテルまでは目と鼻の先でしたが、ホテル前の広い道路を横断しなければなりませんでした。交通量も多く、案内人もふと立ち止まったときのことです。

誰とはなしに手と手を繋いで車を遮断する一方、他の人たちは座主を車椅子ごと、まるでお神輿のように担ぎあげ、歓声をあげながらホテルまで運んでいきました。みんなニコニコと人なつっこい笑顔をしています。

この頃からでしょうか、ヨーロッパの行く先々で山田座主のことを東洋の聖者と呼ぶ風評が生まれていきました。

「ポーランドの人は赤カブですよ」と山田座主はポツリといわれました。表面は共産主義に染められてしまって赤く見えるが、中味は真白で純粋であるというのです。まさしく座主の名言です。


海外でのお座主との思い出は枚挙にいとまがありませんが、国内でも忘れ難いものが多々あります。その一つに、宗教放送に関するものがあります。

当時テレビによる定期的な宗教番組は、全国放映としてはＮＨＫの宗教番組は別として、日本（読売）テレビ系の「宗教の時間」と、近畿テレビ系の「比叡の光」ぐらいのものでした。

そのうち日本テレビ系の「宗教の時間」は、スポンサーをつけず、会社の創設者である正力松太郎翁の意向があって、翁が亡くなられた後も、その遺志を継いで続けられていました。

ところが、「宗教の時間」帯にスポンサー付の番組を入れ、「宗教の時間」は繰り上げて今までの六時台から四時台に放映することが、社内で決まりそうになりました。経営担当者から厳しい突き上げがあったからです。しかし四時台に時間を繰り上げられると視聴者の数も大幅に減少しますので、今度は宗教番組の存続すら危くなってきます。

宗教番組の関係者のみならず、心ある宗教者も大いに悩みました。そして解決策はワンマンといわれている正力翁の娘婿、小林與左次会長に直訴するほかにないという結論に達したのです。その役をしていただくのは山田座主以外にはいないということになり、早速、私が座主にご相談にうかがうと、二つ返事でお引き受けくださいました。

このようにして東京で両巨頭の会談が行われるようになったのです。当日の山田座主と小林会長との会談は、夕食をともにするものでありましたが、その内容は、世界の動向から政治、経済、文化、教育、もちろんマスコミ、宗教にまで及び、実に多彩なものでした。

そして過密なスケジュールを割いて会っていただいた二人は、三時間にも及ぶなごやかな時を過ごされたのです。その結果どちらが頼むのでもなく、また譲るのでもなく、阿吽の呼吸で、「私の目の黒いうちは、『宗教の時間』はそのまま続けたいと思います」と小林会長がいうと、

「それはすばらしい決断です。多くの人々が喜びましょう」と山田座主が応え、「宗教の時間」に関する直接の対話はたったこれだけでした。

巨人同士の清談とはこういうものかと、つくづく感心させられたものでした。約束通り「宗教の時間」がそのまま続けられたことはいうまでもありません。

遷化――聖徳太子と慈恵大師のもとに

座主の偉大さは凡夫には計り知れませんが、その往生のご様子も大変立派なものでした。二月二十日の晩遅くから、病院に詰めていた弟子たちと一緒に、お不動さんの真言を唱えながら、静かに眠りに入られたといいます。それからまる一日、意識は回復しませんでしたが、家族や弟子たちからは、必ず奇蹟的に回復するという期待が頭を離れませんでした。

「最期は自坊の仏間で静かに阿弥陀さまの来迎を待ちたい」というのが、座主の日頃からの願いでした。それゆえか、二十日には、言葉が自由にならない状態になっていたので、ボールペンで「仏間に帰る」と記されました。これを見た周囲には、お座主の気持ちとは逆に、これだけ字が書けるのなら、もしかしたら回復するかも知れないという期待が生まれ、座主に自坊にお帰りいただくという決断を鈍らせたようです。

二十二日の朝、虫の知らせか、当時宗務総長であった私は、東京での個人的な予定をすべてキャンセルし、座主の入院している大津市民病院に駈けつけました。その日の昼過ぎでした。そっと座主の手を握ると、それは温く柔らかかったものの、しっかりとした手応えがあったので、ほっとしたのを覚えています。

しかし容態は確実に悪化していました。座主の様子は、自坊にお帰りいただけるギリギリのところまで来ているということが感じられました。そこで関係者で協議の末、お座主の希望通り、自坊にお帰りいただくことになりました。

二時三十分頃、瑞応院の門をくぐったお座主は、阿弥陀来迎図のかけられた部屋に横になられました。一世紀に及ぶこの世での長旅が、いよいよ終わりに近づいていました。

「おじいちゃんお帰りなさい」というお孫さんの声に、わずかにうなずいたように思われましたが、やがて枕元の医師が、午後二時五十三分と、座主のご臨終を告げました。誰も気がつかないほど静かで、安らかな大往生の瞬間でもありました。

そしてそれは、家族も医師も、弟子たちも、さらに天台宗関係者も、おそらく座主ご自身も、すべてが納得のいく敬虔な時間の訪れであり、これこそ仏のおはからい以外には考えられないことでしょう。

冒頭にも書きましたが、亡くなられた二月二十二日は座主が比叡山に入るきっかけとなった聖徳太子の命日であり、また亡くなられた二時五十三分は、二五三世の天台座主をつとめられたことに通じることを思うと、まことに不思議な因縁を感じさせられます。

山田座主は、比叡山中興の祖と仰がれる慈恵大師良源を深く尊崇されていました。慈恵大師は元日の三日に亡くなられたことから、元三大師と呼ばれ、厄除大師として広く信仰を集めています。

比叡山の横川の元三大師堂で長らく修行に励んだ山田座主は、天台宗の歴史において、慈恵大師とほぼ同じ二十年にわたり天台座主をつとめられました。そして慈恵大師が荒れはてた比叡山を復興したように、山田座主も比叡山の戦後の復興に大きな功績を残されました。

特に比叡山宗教サミットは、かっての日本仏教における比叡山の役割を再認識させるとともに、世界にその存在を発信しました。

雪が降りしきる本葬の時、山田座主の遺影にそっと手を合わせると、「宗教サミットは、始めた以上は続けなければなりませんよ」という座主の言葉が聞こえたような気がしました。

葉上照澄阿闍梨のこと──回峰行と世界平和のいしずえ

私が初めて葉上照澄阿闍梨《あじゃり》にお目にかかったのは、今から四十年も前のことです。当時、全日本仏教青年会の理事長を務めていた私が、比叡山をお借りして青年会の夏期結集《かきけつじゅう》を開催、そのセミナーの講師をお願いしたときでした。

講師の紹介は同じ宗派ということで、私に急遽お鉢がまわってきました。そこで私は十分な準備もなく、聞きかじりのいい加減な紹介をせざるを得ませんでした。すると突然、登壇前の講師の右手がスッと挙がったのです。

「今の紹介はあかん。デタラメや!」、阿闍梨さんの一喝でした。初対面にして度肝を抜かれたのでありましたが、あの大きな目がやさしく笑っていたのが印象的でした。

その結集も無事に終わり、当時は延暦寺の副執行(責任役員)も務めておられた葉上師のところに、改めてお礼の挨拶にうかがったときのことでした。

講演や坐禅指導など、比叡山の僧侶方に大変お世話になりましたので、それらに対してどのように挨拶をしたらよいかわからず、厚かましくも直接お聞きしたのでした。

「先生、お礼の方はどのように……」と、恐るおそる尋ねる私の顔をギョロリと睨むなり、「君ら若いもんから、お金とれるか。一銭もいらん！　というてもそのままでは帰りにくいやろ。そやなあ、一万円だけ、お大師さんにお供えしなはれ」。

結集の予算が大分浮いてしまったのですから、仏教青年会は大助かりだったことはいうまでもありません。そのうえ感謝の心を表わせるように、気配りまでしてくれたのです。

このようにざっくばらんで繊細な葉上師は、そのスケールの大きさのために、時には誤解を招くこともありましたが、次々と難関を飛び越えていかれました。

千日回峰行者、葉上阿闍梨

さて葉上照澄師といえば、何といっても回峰行です。回峰行とは、平安時代から比叡山に伝わっている一千日に及ぶ厳しい修行で、行中に歩く距離は地球一周、約四万キロに及ぶといわれています。その行に、常識では考えられない四十五歳という高齢で挑んだのです。

回峰行の創始者は、慈覚大師円仁の弟子相応和尚（八三一〜九一八）です。ある時、相応和尚は、比叡山の根本中堂の本尊薬師如来から夢の中でお告げを受けます。

「比叡山の峰々を巡拝し、さらに坂本の山王権現の霊場に詣でるなど、毎日苦行をしなさい。そして『法華経』に説く常不軽菩薩の行を体現し、満行の暁には、不動明王を本尊として拝み、その呪文によって悪鬼悪霊を退治しなさい」と。

相応和尚はこの夢告を受けると、早速、師匠の慈覚大師より不動明王法を授かり、回峰行に入りました。回峰行一千日は七ヶ年をかけて行われます。最初の三ヶ年は毎年百日間、一日三十キロ歩きます。四年と五年目は年に二百日、一日三十キロを歩き、その間、道中に散在する三百数ヶ所の堂宇や祠にまつられた神仏を拝みます。

そして七百日目に至ると「堂入り」といって、比叡山無動寺谷明王堂に九日間の参籠をします。その間、不動明王を本尊に、断食、断水、不眠、不臥にして、専ら真言を唱え修法を行います。七日目を迎えると瞳孔も開き、死臭が漂うといわれるほどの難行となります。

六年目は期間は百日に戻りますが、その行程は一日六十キロとなり、七年目に入ると前半の百日は毎日、実に八十四キロも歩くことになり、後半の百日は、一日三十キロの行程に戻って、一千日を満行するのです。

常人は四キロ歩くのに一時間かかるとされていますから、そのペースで休まず歩いても、七年目の行程八十四キロは、二十一時間もかかってしまいます。それでは翌日の準備も寝るヒマもなくなってしまうことを考えると、行者の歩行がいかに速いか分かるでしょう。

白装束で峯から峯へと歩く行者の姿は、遠くからみると、まるで白鷺が飛んでいるようだといわれています。回峰行の最後の歩行距離は、当初と同じく三十キロに戻りますが、これは悠々と仏様の境地に遊ぶためだといわれています。

中国密教の大家、不空三蔵《ふくうさんぞう》（七〇五～七七四）が訳出した経典の中に、「もし閑静処の名山において、意楽にしたがって回峰するは、最も殊勝なり」とあります。回峰の名前はここに基づいており、その極意は楽しむところにあるのでしょうが、凡夫には難行中の難行であり、楽しむどころではありません。

満行すると、行者は大行満または大阿闍梨といわれ、平安の昔から土足で宮中に参内し、内道場で玉体加持をします。この慣習は今日でも守られ、一千日を満行すると、行者は京都御所に参内します。私もたまたま平成六年、上原行照行者が満行し、京都御所に土足参内して玉体加持をした時、特に随喜を許され、荘厳な場に参列する機会を得たことを思い出します。

葉上照澄師は、この千日回峰行を昭和二十八年に満行、大阿闍梨となり、以来「阿闍梨さん」と呼ばれ、みなに親しまれてきました。

葉上師は、千日回峰行を修し終ると、翌年には、十万枚の護摩の行に入り、さらに昭和三十年には、運心《うんしん》回峰行に取り組みました。運心回峰行とは、比叡山無動寺明王堂の本尊不動明王の前に、三ヶ年かけて一千日間端座し、毎朝三時半から、回峰行中に拝んだ三百数十の神仏を招き、一つひとつその真言を唱え、般若心経を読誦する行です。

この修行を終えると、さらに三ヶ年、法華三昧という修行の前行および正行を共に修し、昭和三十五年には三千日におよぶ大業を完遂させたのでした。まさに修行の権化といっていいでしょう。

しかし、「先生、大変な修行を完遂されましたが、行をどのようにお考えですか」、このような凡人の質問には、その答は「行か？　そんなもん、なんもなりゃへんがな」のただの一言でした。

このような希代の大行者である葉上阿闍梨と考えると、大変近づきにくく感じられますが、もともと人情味溢れる、とても人間的な人でした。それは阿闍梨の若き日の体験にもとづくものかもしれません。

葉上師は若き日、大恋愛をしました。師の相手となった人は、オイグライン（ドイツ語で「美しい瞳」の意）というあだ名のつくほどの美人であったといいます。東京の女学校へ行ってしまうというので、友人と駅まで見送りにいったのはいいのですが、手を握るどころか、ひとこと言葉を交すのが精一杯であったということです。

そして師が、六高から京大には目もくれずに東大へと進学したのは、彼女のいる東京を意識していたからでした。やがて東京で再会した二人はめでたくゴールインすることになるのですが、あまり器用でない師がそこまでいくには、相当苦労されたようです。この美男美女の大恋愛は、菊池寛の小説『心の日月』のモデルにもなり、二回も映画化されたといいます。

ところが大正大学のダンディー教授として鳴らした師を、突然の不幸が襲いました。最愛の奥様が三十一歳の若さで他界してしまったのです。師が三十三歳のときでありました。師は多くを語ってくれませんが、これからは一人で生きて行こうと、固く決意したそうです。

さらに日本の敗戦も葉上師にとって大きなショックでした。山陽新聞の論説委員として健筆を振っていた師にとって、敗戦後の日本の精神的混乱に大きな危機感をもちました。自分自身を見つめ直すことも含めて、何とかしなければならないという気持ちが、次第に師を回峰行への道に誘っていったように思われてなりません。

人間はある日突然、鮮明な理由があって出家したり、自殺したりするものではありません。それは瀬戸内寂聴さんも語っています。いろいろな原因が生まれては消え、消えたと思ったら沸々と煮えだし、ある時に臨界点に達するのです。

やがて葉上師は、比叡山に登り、大行満の叡南祖賢師の門を叩きました。叡南師は当時、比叡山で「和尚」といったら叡南師のことだといわれるほどの、カリスマ性をもつ大変な傑僧でした。

当時、延暦寺執行という責任者であった叡南師は、回峰行中の葉上師を比叡山中学校の校長に任命しました。もちろん葉上師は修行中ですので、校長の職務遂行は不可能であると断りました。

それに対し叡南師は、「そんなことは分かっておるわい。ただ毎朝、朝礼の時刻頃、学校の前を回峰行で通るじゃろう。だから朝礼の時、壇上にあがって、その行者姿で生徒を拝んでやれば、それだけでいいのじゃ」といって、むりやり承諾させられたということです。

校長になった葉上師は毎朝、行者姿で現われ、講堂の舞台から生徒を拝みました。雨の日は、雫でぐしょ濡れになった行者の姿が壇上に現われました。そして生徒たちは、教室では学ぶことのできない何かを受けとめたのでした。

以来、校長の在任は満行後も続き、二十数年にも及んだのです。これは、戦後の日本は何としても未来を担う青少年をしっかり教育しなければいけないという、葉上師の信念がそうさせたのでした。

「世界平和」への気迫

このように教育に力を注いだ葉上師は、天台宗青少年祖山研修会の創始者でもあります。延暦寺副執行に転じた葉上師は、比叡山を開かれた伝教大師御生誕一千二百年を慶讃する大法会（昭和四十一年）事務局の部長も兼任、記念事業の推進役を果たしました。

そこでまず記念事業の一環として、天台宗檀信徒の中学生を二泊三日で比叡山に招待し、霊峰の雰囲気の中で大きな志を育む研修会を催すことを計画しました。毎夏、五百人を越える子供たちを登叡させ、その世話役を仏教青年会の若者が担当、活気に満ちた研修風景は、葉上師の目を細めさせたのでした。

「ええか、ポストにベストや、なくてはならぬ人にならんとあかんで」、少年少女を激励する葉上師の声が、比叡山の杉木立にこだまします。この青少年研修会は、始められてから四十回を越えましたが、天台宗の青少年教化事業として、今後も休みなく続けられていくでしょう。

記念事業といえばもう一つ、葉上師の奮闘によって成功を収めたものがあります。それはカンタータ（交声曲）伝教大師讃歌の制作と発表です。昨今では仏教をテーマとした交響曲の発表も少なくありませんが、四十年以上も前のことですから、経済的にはもちろんのこと、宗教性や芸術性のことなど、いろいろな面で大冒険でした。

作詞土岐善麿、作曲清水修、指揮森正、演奏NHK交響楽団、独唱ソプラノ伊藤京子、テノール森敏孝、バリトン中山悌一という、当時の日本クラシック音楽界の最高メンバーが揃い、会場も新装になった東京文化会館で発表演奏会が行われて、内外ともに大反響を呼びました。

七月末という音楽会にとってシーズンオフにもかかわらず、当日は満員の盛況で、天台声明の一節が取り入れられた合唱のクライマックスは、西洋音楽にお経のもつ荘厳さが加わり、聴衆の心を打ちました。

現在でも同じレベルのことをしようとすると、それは容易なことではありません。しかしやる以上は、一流でなければ意味がない――これが葉上師のモットーであり、その精神は若いときから随所に表われていました。そして「ポストにベスト」を自らも実践し、随所に大きな足跡を残したのでした。

葉上阿闍梨といえば回峰行ですが、その行者が後半生をかけて取り組んだのは、「世界平和」です。世界平和を脅やかすものにはいろいろな要素がありますが、逆に世界を平和にするには、世界の諸宗教が手を組むしか方法はないというのが、葉上師の持論でした。

特にキリスト教とイスラーム、さらにユダヤ教が仲良くできなければ平和は来ないし、これらの対立の激しい宗教を仲介するのが仏教である、との強い信念をもっていました。

そこで葉上師は世界宗教連盟の設立という大きな構想を立ち上げ、そのためにいろいろな努力を傾けました。そして宗教サミットの開催が当面の大きな目標となりました。

しかしその当時、諸宗教間の対話といってもその重要性を理解している者は、仏教界の中にもあまりいませんでした。そこでまず葉上師は、若き日に大正大学で教鞭をとった時の教え子たちに、協力を求めました。彼らはすでにそれぞれの教団で立派な指導者になっていたのです。

やがてこれらの努力は、宗教者による世界連邦運動推進にも弾みがつき、次第に宗教サミットへの機運も盛り上がっていきました。

葉上師はいつも性急で、無駄なことはいいません。あるとき師から突然、私のところに電話がかかってきました、「おい杉谷君、釈迦金棺図《しゃかきんかんず》を知ってるやろ。あれを根本中堂にかけて宗教サミットをやろう。すぐ文部省へ交渉にいってきてくれ」。

私が師の用件の重大性を呑み込むには、少々時間がかかりました。釈迦金棺図とは、復活の釈迦ともいわれ、釈尊が金色のお棺から身を起こしている様子を描いたものです。キリストの復活にも通じるこの絵は、世界の宗教者、特にキリスト教徒の共感を呼ぶだろうという、師独特の発想です。

この絵は門外不出の国宝中の国宝といわれ、かって天台宗寺院の所有であったものが、戦後の混乱期に流出、松永美術館の所蔵になっておりました。ところが電力の鬼といわれた松永安左ヱ門氏が創設した松永財団が解散、美術館も閉館されることになりました。

そこで釈迦金棺図は、文部事務次官が館長として天下りすることに内定していた、新設の福岡の美術館に移管されることになっているというのです。それをもらって来いというのですから、常人の発想ではありません。

早速、松永財団の寄付行為を調べてみますと、理事全員の一致をみた場合のみ公益法人（含宗教法人）に移管が可能で、その他の場合は、国または地方公共団体に帰属する、とあります。そこに師は一縷の望みを託したわけです。葉上師はもちろん、延暦寺を含め関係者の総力戦がはじまりました。財団の井上理事長（中部電力会長）は大変好意的で、理事一人ひとりの説得工作が行われ、とうとう一人の理事を残して、他のすべての理事の同意を得ることができました。ところが最後の一人の理事は、ついに首を縦に振ってくれず、釈迦金棺図は天台宗に戻ることはありませんでした。

この理事はかってソ連を旅行し、美術館が国家によってしっかり保護されている様子を見て感銘を受け、美術品の国家管理が重要だと述べていました。仏様は拝まれてこそ意味があるとする、私たち僧侶の願いとは少し距離がありました。

けれども、たとえ不可能と思われることでも、必要とあらば可能にするための葉上師の激しい気迫は、私に得がたいものを残してくれました。金棺図は比叡山に納められなかったものの、せめて近いところにということで、福岡でなく京都博物館に収蔵されました。これは葉上師の熱意に応えたものでありましょう。

先年、京都博物館で金棺図の特別公開がありましたので、私は飛んで行ってその絵の前でそっと手を合わせ、心の中で『般若心経』を読みました。すると今までの思い出が一挙に溢れ出て、心の静寂どころか混乱する思いをしたものです。


釈迦金棺図はなかったものの、昭和六十二年に開催された比叡山宗教サミットは、大成功のうちにその幕を閉じたことは、みなさんもご存知の通りです。そして、その裏には葉上師の十数年にわたる、不可能と思われてもうろたえない不屈の精神と不断の努力があったことを忘れてはなりません。

具体的には何といってもイスラームとカトリックに太いパイプを造ったことです。イスラームの教学の本山といわれるエジプトのアズハルを訪問、そこの指導者であるファハーム博士と会見し、その糸口をつかむことができました。当時としては、イスラームの最高権威であるアズハル総長に面会することは、それ以前にあまり交流のない日本の宗教者としては不可能でした。ところがそれを可能にしたエピソードがあるのです。

当時アズハル大学に留学していた日本人学生がいました。その学生は偶然ファハーム博士一行と食事をする機会がありました。その時ファハーム博士は、その学生の礼儀正しさに注目したといいます。そしてこのようなすばらしい青年を育てた日本とはどういう国かと、日本に関心を持つようになったといいます。

その矢先の葉上師の面会申し入れであったので、快く受諾したということです。世界平和というと、なにか雲をつかむような話に聞えますが、その入口は一人ひとりの何げない小さな努力が積み重なって開かれるようです。

ファハーム博士と交流がはじまった葉上師は、さらにサダト大統領と会見、大統領の肝いりで開かれた、イスラエルから返還されたシナイ半島にあるシナイ山における、キリスト教、イスラーム、ユダヤ教の三教の合同礼拝の立合人にもなりました。

一方、バチカンとの対話にも力を注ぎました。特にバチカン諸宗教対話評議会長官のピネドリー枢機卿との間に結ばれた友情が出発点です。来日したピネドリー長官は、まず日本の宗教青年との対話を希望され、これが葉上師と意気投合するきっかけとなりました。

鍵はやはり若者でした。早速、対話集会が比叡山上でもたれましたが、例のごとく葉上師からの「宗教青年を集めよ」という性急な電話で、準備をする私たち裏方は大わらわでありました。

「理解の殿堂」代表、チャールス・モートン師と葉上照澄師
(比叡山宗教サミットで)

しかしここで生まれたピネドリー師と葉上師の信頼関係は、やがてネミ会議の開催となります。昭和五十三年七月、ローマ郊外のネミ湖畔にある修道院で、日本の宗教代表者とバチカン各省代表者の間で行われた会議です。この会議は日本とバチカンの宗教者間の太い絆となり、昭和五十六年六月東京で開かれた世界宗教者倫理会議に発展、さらに宗教サミットへの具体的な道を開くことになったのです。

二泊三日間、神社本庁の徳川統理、篠田総長、立正佼成会の長沼理事長、カトリックの田中京都司教、それに仏教代表の葉上師、また私は日本代表団の事務局長をつとめましたが、バチカンの指導者たちと起居をともにし、宗教の抱える諸問題について意見を交換したことは、宗教史上、特筆すべきことだったといえるでしょう。

常不軽菩薩

私は葉上師の海外へのお供をしていて、いつも感服することは、暇さえあればドイツ語の本を開いていたことです。機中で開いている本をそっとのぞくとドイツ語でした。若き日に大学で情熱を燃やしたドイツ哲学ヒルティーの原書にほかなりません。師の若さの秘訣は、こんなところにあったのではないでしょうか。

天台宗では、宗教サミットが行われた八月四日を平和の日と定め、毎年宗教界に呼びかけて記念行事を行うことにしています。そして二周年からは、葉上師がはじめた天台青少年研修会に集った中学生たちも、宗教サミットの記念行事である平和の祈りの集いに参加するようになりました。

次代を担う青少年に対する平和教育の大切さを説き続けた葉上師の目標の一端が、ここに実現することになりました。そして比叡山宗教サミットは、十周年、二十周年と周年行事の節目には、再び、三たびと世界から宗教指導者が集い、これからも永続的にその使命を果たしていくことになるでしょう。

師の歴任された役職は責任あるものでも、天台宗関係では滋賀院門跡門主、宗機顧問、一隅を照らす運動会長があり、宗外では、仏教伝道協会理事長、世界連邦日本宗教委員会会長、日本国際青年文化協会会長、日本インド寺竺主、京都高山寺住職などなど、枚挙にいとまがありません。

それもすべてが全力投球でした。組織を嫌い組織にはまらない大僧正でしたが、結局は組織を動かした巨星であり、その業績はとうてい語り尽すことはできません。

そして葉上照澄大僧正は、平成元年三月七日、朝の勤行中に忽然と大往生されました。

比叡山宗教サミットの開催について、いつも葉上師から力強いアドバイスを受けながら、自らも陣頭指揮をとられた山田恵諦天台座主から、「常不軽行院」の院号が贈られました。

「常不軽」とは、『法華経』に出てくる常不軽菩薩のことで、人々の心の中に仏性があることを知り、どんな人でも軽んじることなく拝んで歩く菩薩のことをいいます。石をもって追われることがあっても、必ずその人も成仏すると信じて、分けへだてなく拝むのです。

それは最初に述べたごとく、回峰行の体現に外なりません。葉上阿闍梨は、比叡山を下りても回峰行を続け、極楽に行っても続けられていることでしょう。

瀬戸内寂聴さんと私

出離者は寂なり　梵音を聴く

（今東光）

時には地鳴りのごとく低く太く、また時には咽び泣くがごとく細く高い梵音の調べが、本堂から長い廊下を伝わって聞えてきます。唱えているのは、天台声明の第一人者、誉田玄昭《ほんだげんしょう》大僧正です。曲名は「毀形唄《きぎょうばい》」といいます。なんと恐ろしい名前ではないでしょうか。形を毀《こわ》してしまうための唄ということです。

薄暗い本堂裏の部屋で、一人の女性の豊か過ぎるほどの黒髪が惜げもなく切り落とされ、さらに剃髪されていきます。その時、彼女はまだこの曲の名前を知りません。しかし彼女はすべてを打ち砕く荒海の海底がもつ、不気味な寂けさを聴いたに違いありません。昭和四十八年十一月十四日、陸奥の古刹に一人の出家者が生まれました。寂聴尼です。

その出家

その年の十月に入った頃、中尊寺貫首、今東光さんの秘書がひょっこり私の寺を訪ねてきました。そして私の師匠であり、父でもある上野寛永寺貫主、義周大僧正としばらく話し込んでいましたが、やがてその席に私が呼ばれました。

「あんたも知っとるやろ、作家の瀬戸内晴美。彼女、今さんの弟子として出家することになったんや。得度式の戒師は大僧正にお願いしたんやけど、教授師は円珠院はん、あんたに頼むわ」

瀬戸内さんは出家すると決意した後、誰のもとで得度するか、ずいぶん悩んだらしいのです。そしてついに今東光さんのところに辿りついたのです。この選択は、彼女のその後にとって少なからぬ意味をもちました。

戒師とは、得度式（出家するための儀式）を指揮する大導師のことです。そして教授師とは出家者に寄り添い、得度式の作法の一挙手一投足、唱えるべき経文など、すべてを指導する役のことをいいます。

もちろん当初は今東光さんが戒師をつとめるはずでしたが、急に東京のガンセンターに入院されたので、それが不可能になってしまいました。そこで急遽、今大僧正の長年の友人であった私の父に戒師の白羽の矢が向けられ、私もお手伝いすることになったのでした。

私が瀬戸内さんとはじめて言葉を交わしたのは、得度式の当日のことでありました。年齢は私とはちょうど二十歳違っていて、弟というより息子に近いといえます。

そこで彼女の出家については、当初あまり深刻に受けとめられませんでした。若者から見れば、今まで自分の思うまま奔放に生きてきた方のようなので、五十歳という年齢は、人生に一つの区切りをつける潮時のように感じられました。そのうえ有名人の引退や出家は、いつのまにかウヤムヤになってしまうことが少なくありません。私ははじめのうちはこんないささか無責任な思いで、教授師をつとめていました。

戒師はまず頭の頂と左右の部分の頭髪にカミソリを当てて少量の髪を切り取ります。その後、出家者は別室に移って髪の毛をすっかり剃り落し、再び本堂に戻って僧侶としての心構えや、守るべき約束事（戒律）などを受けることになっています。

また最初に弟子が入堂するときは俗服（一般の普通の恰好）ですが、剃髪したあとには、戒師から授った衣を着てお堂に戻ることになっています。戒師が瀬戸内さんにカミソリを当てると、毀形唄が唱えられはじめました。唱えているのは天台声明の第一人者誉田玄昭大僧正です。

私が瀬戸内さんを一度剃髪を行う別室に案内し、約四十分後に迎えに行ったときのことです。部屋の障子が開かれた途端、圧倒され息を呑みました。眼の前には、先ほどまでの、どこか疲れた様子で、老いが忍び寄ろうとしている中年の女性とは似ても似つかない、凛として少年のような色気を感じさせる人が立っていたからです。

体中には緊張感が漲り、その目は澄み切っていて、何事があっても微動だにしないという強い意志がそこに表われていました。その姿を見て私は真剣にならざるを得ませんでした。夢中で教授師をつとめることになりました。

得度の日、陸奥の秋はすでに深く、すっかり色づいた中尊寺境内には、紅葉がひとつふたつ風に舞いながら落ちていくのが象徴的で、今でも鮮明に覚えています。

修行道場に入る

瀬戸内さんの出家は、報道陣には知らせず内々で密かに行われるはずでした。ところが当日になると、どこで情報をキャッチしたのか、かなりのマスコミが現われました。この点は瀬戸内さんもご機嫌斜めでした。

実は当時、私の親友で、ある大手出版社の週刊誌の編集長をしている男がいました。瀬戸内さんの出家のことを彼に秘密にしておけば、「なぜおまえ、おれに知らせてくれなかったんだ。水くさいぞ」と友情にひびが入りますし、もし知らせれば、彼は喜ぶものの、瀬戸内さんとの信義を破ることになります。心は揺れましたが、友人には内緒で当日を迎えました。

ところが出家の情報はあるところから漏れたらしく、マスコミはいま言ったようなことでし

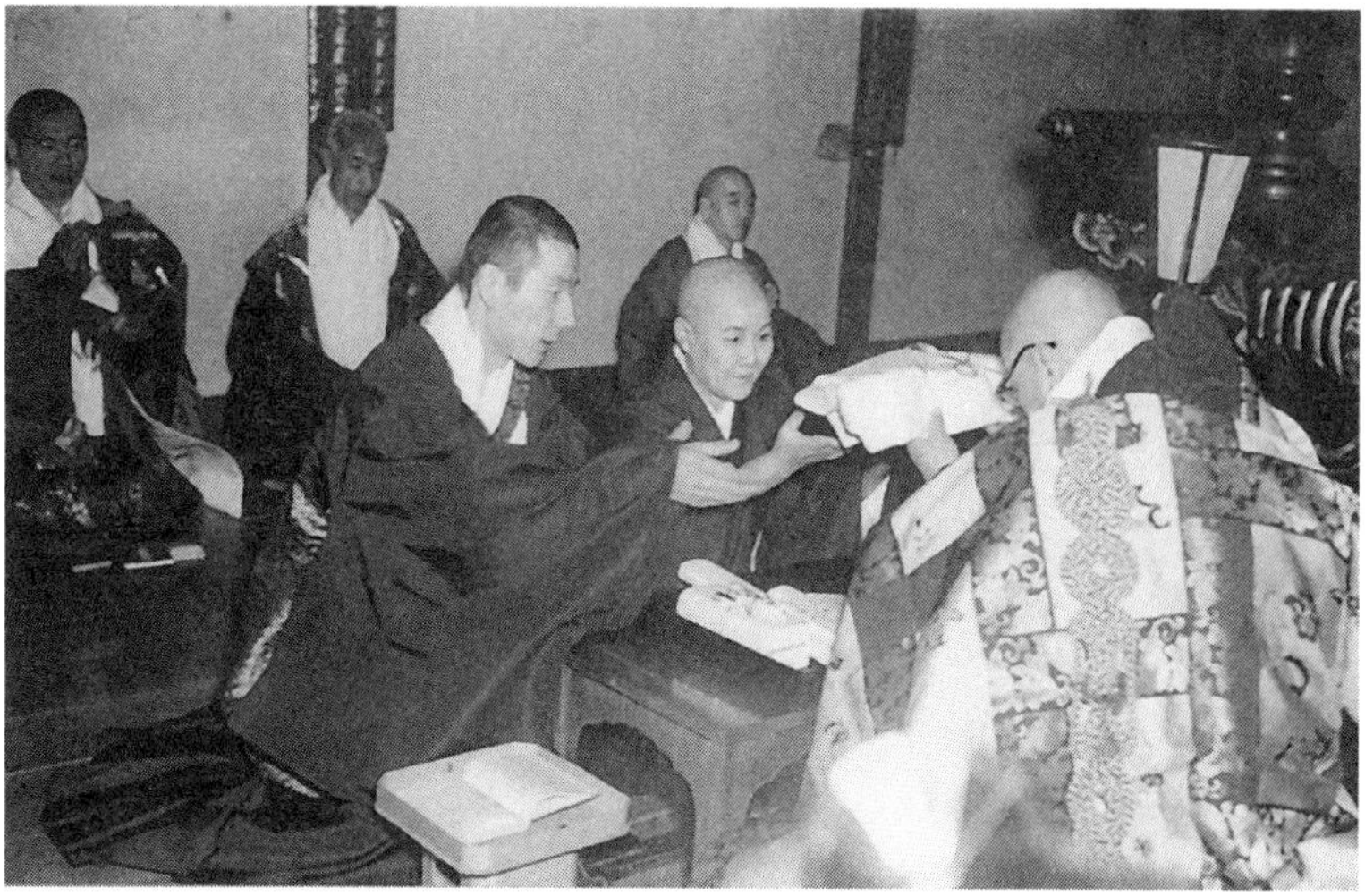

得度式で。教授師の著者、寂聴尼（中央）と戒師義周大僧正

た。私は一瞬、友人に話さなかったことを残念に思いましたが、やはり喋らなくて良かったとずっと思っています。親友にはさんざんぼやかれましたが、瀬戸内さんにうしろめたさを持たずに済んだからです。

得度した翌年、瀬戸内寂聴さんが本格的に僧侶の道をめざすため、比叡山の修行道場（行院）に入ったという便りを聞いて、私は驚きました。これは、始めたら徹底しないと気がすまない彼女の性分と、出家に対する並々ならぬ覚悟のあらわれです。僧侶は出家しただけではただの小坊主さんで、見習いであって一人前とはいえません。いわゆるお坊さんといわれるようになるためには、一定期間の基本的な修行が必要なのです。

修行はもちろん老若男女を問わず同じ扱いです。そして修行の中に五体投地礼《らい》といって、朝から晩まで一日中礼拝する行を一週間続けるものがあります。額、両肘、両膝の五ヶ所を床につけ、それから正座して合掌し、手を合わせたまま直立し、再び正座合掌に戻ってから、また五ヶ所を床につけるというふうに連続するのです。

この動作を順次、過去、現在、未来と、それぞれ三千の仏の名を称えながら繰り返すのです。膝がガタガタするどころではありません。さらには比叡山中、山坂三十二キロを、途中にある仏堂、祠を拝みながら歩く巡拝行もあります。基本的に修行ですから、当然、若者を対象としたカリキュラムにできています。

それを五十二歳にさしかかり、しかも書斎に籠もることの多い作家がやろうというのですから、所詮、無理があるというものでしょう。さらに理解力はあっても記憶力が低下している年齢なので、お経の節まわしや法具の名称、さらに法要の作法など、若者と同様に覚えられるわけもありません。だから早々に行監に叱られる対象となります。

年若い者に叱られるのはつらいものです。事実、中年で出家し修行道場に入ったものの、緊張と疲労で目が一時的に見えなくなり、下山の止むなきに至った者も少なくないのです。瀬戸内さんも、私は高名な作家ですなどという態度をとっていたら、途中下山の憂き目に遭っていたかもしれません。

ところが彼女は若い修行者と同じ目線に立ち、謙虚に教えを乞い、さらに消灯時間後、押入れの中で、懐中電灯を頼りに復習したり、若者の破れた衣を繕ってあげるなどしました。ですから彼女が窮地に立たされると、自然と周囲が手を差し延べ、荒行を乗り切ることができたのでした。

肉体的には相当つらいことが少なくなかったこの修行は、瀬戸内さんにとって逆に二度とない精神的自由を味わえた機会であったはずです。人間の愛憎、出版社の催促など、世間のしがらみと全く無縁の時間を過すことができたからです。それが比叡山を下りてきてからの、驚異的な活動のエネルギーの源泉の一つになったのだろうと思われます。

天台寺へ

　師匠の今東光さんが亡くなり、寂聴さんは戒師をつとめた私の父の弟子となりました。その結果、私とは兄弟弟子ということになりました。ずいぶんえらい弟弟子ならぬ妹弟子をもったものです。今さんもそうでしたが、私の父も放任主義でした。というより瀬戸内さんの性格をのみこみ、そうしたのだと思われます。

　そのうえ、天台宗というのは、実に自由な宗派です。大乗仏教そのものが天台宗であると考えているぐらいですから、瀬戸内さんが仏教について何を書こうが、お釈迦さまの手のひらの孫悟空のようなもので、本山からほとんどお咎めはありません。

　やがて彼女は乞われて東北最古の寺、天台寺の住職となり、僧侶として一本立ちして八面六臂の活躍をはじめます。天台寺というと、天台宗を代表するような名前ですが、代表するのは古さだけで、実は荒れ放題の破れ寺でした。それを原稿料や講演料を惜し気もなく注ぎ込み、わずか十年足らずで見事に復興してしまいました。

　毎月の法話会には、あの辺境の東北の奥地にかかわらず、毎回、三千人以上が集まるというのですから、ただごとではありません。ただ話が上手いとか面白いというだけでは、毎月これほどの人は集まりません。彼女の話を聞くと、癒されることを通り越してパワーをもらえる、と集った人々は口々に言います。まさに瀬戸内さんは「元気教」の教祖になってしまったのです。

この教祖は、そこいらの教祖と違って、決して来世を説きません。来世を頼んでこの世の苦しみに耐えるとか、救いが約束されているのだから感謝する、というのは彼女の好みに合わないのではないでしょうか。この世の愛憎や苦楽をそのまま真正面から受けとめ、受けとめ切ったところに、必ず道が開けるというのです。

そして苦しみに押し潰されそうな人がいれば、一緒に泣いて励ましてくれます。彼女自身、自分のことをわがままで移り気で、などといっていますが、本当は人間味溢れる人柄で、そのサービス精神は人並ではありません。

イラク戦争に反対して断食をするばかりでなく、戦争で傷ついた子どもやお年寄りを助けるために、救援募金を行いました。そこまでは普通の人でも可能かもしれませんが、そのお金にさらに自分で足して不足している薬品を買い、それを身の危険を冒して、自ら戦下のイラクの病院まで届けたのです。まさに伝教大師のお言葉「己れを忘れて他を利するは、慈悲の極みなり」の実践である、菩薩行そのものです。宗教家として面目躍如たるものがあります。

文化勲章受章の日に

また彼女は教育者としても数々の実績をあげており、故郷の徳島に寂聴塾を開設しました。それればかりでなく敦賀女子短期大学の学長にも就任、若い人々の教育に当たりました。自ら人寄せパンダといって学生募集には大きな力を発揮、女子短大冬の時代を見事に乗り切りました。実はこの学長就任については、ある人から瀬戸内さんを口説いてもらうように私が頼まれたのでした。学長職のような組織と時間に拘束されるものは、彼女は絶対に受けてくれまいと、当初、私は断ったのですが、どうしても相手が諦めません。そこで止むなく一応は当たってみるが、期待しないようにといって、寂庵に出かけることにしたのです。

その結果、彼女は「本当はこういう仕事は即座にお断りするのですが、今回はお受けします」というのです。その理由が数日前に、学長就任依頼の話が来るから、断らずに承諾するように、というお告げがあったからだというのです。一瞬私への義理で受けてくれたのかなと勝手にうぬぼれたものの、そうではないことがわかると、がっかりするよりむしろ妙に得心がいったのです。合理精神を持つ反面、不可思議な思考をするところがあり、そこに私には宗教家としての大きな魅力があるように思われるのです。

彼女の作品の数は実に夥しく、さらには『源氏物語』の現代語訳など、歴史に残る業績をあげ、ついに文化勲章にも輝きました。そして歴史上に残る大作家の仲間入りを果たしたのです。うれしい限りです。

文化勲章受章の十一月三日の午後、瀬戸内さんは突然、わが寺を訪ねてきました。寛永寺の墓所に眠る今東光大僧正と義周大僧正に受賞を報告するためでした。記者会見やらギッシリ詰まったスケジュールを縫って受賞の当日、第一番に師僧の墓前に手を合わせるために時間を取ることなど、なかなかできることではありません。

彼女の作品の中で、宗教ものでは、『手毬』と『花に問え』と『白道』がいいと思います。その中でも、何の賞ももらわなかった『手毬』が私は好きです。主人公の良寛と尼の話はもちろんすばらしい構成ですが、手毬の鈴の音と、失恋した佐吉を創作して登場させたところに面目があるように思われます。手毬の中から鈴の音がする話は、美智子皇后も褒められたといわれています。仏法はまともに説いたら理屈になってしまって、なかなか人の心は動きません。彼女の宗教小説はすぐれた法話集でもあるのです。

小説に、講演に、テレビ、ラジオ、そして人生相談と、彼女はめまぐるしく毎日、人の中にいます。『法華経』の中に「常に此に住して法を説く」とありますが、まさに人々に対機説法をしているといえるでしょう。仏語でなくてもそれは隠密法華であり、生きた『法華経』の実践者といえるのではないでしょうか。

おわりに

本書で慈覚大師円仁が、伝教大師最澄より天台仏教の奥義「一心三観《いっしんさんがん》」を授けられたことが出てきます。

一心三観とは、法華経の説く、仏の眼を持つための修行です。仏の眼とは、「清浄《しょうじょう》の眼」ともいい、『法華経』の説く「諸法実相《しょほうじっそう》」に気がつくことです。諸法実相とは、この世の中に存在するすべてのものは、意味のないものはなく、そのままが真理の現われである、ということです。

それゆえ、すべてのものに仏性が宿り、それが開発《かいほつ》されて、仏となる可能性が生じるというわけです。これを一乗仏教といいます。

次に、一心三観の「三観」とは、空観《くうがん》、仮観《けかん》、中観《ちゅうがん》の三つの観察の方法をいいます。

空観とは、世の中の事象は、常に変化して、常住不変のものはない、いわゆる無常で実体がない、という否定的な見方です。一方、仮観とは、世の中の事象は、無常とはいいながら、それ自体、現実のものとして受けとめている、という肯定的な見方です。さらに空観と仮観の両方を受けとめながら、それぞれの一方に片寄らない見方を中観といいます。

そのうえで、これらの空、仮、中の三観を同時に心の中に観察することを、一心三観というのです。この境地が得られることは、止観の完成でもあります。これを「円融三諦《えんにゅうさんだい》」の境地といいます。三諦の「諦」とは、真実を明らかにすることで、真理をさします。空観、仮観、中観で得られた三つの真理である三諦が、欠けることなく融けあっていることが、三諦円融です。

さらには、「十界互具《じっかいごぐ》」という世界観、「一念三千《いちねんさんぜん》」という心の働き、「生死即涅槃《しょうじそくねはん》」「煩悩即菩提《ぼんのうそくぼだい》」などの「即」という天台独得の考え方などの説明をしないと、一心三観の理解はなかなか困難なところがあると思います。

このように天台仏教は奥深いところがあります。いきなり真正面から登ろうとすると、峻険な山のごとく道を阻まれる恐れがあります。まずは山に入る前に、トレッキングではありませんが、親しみを持つ必要があります。そこで本書では教理に深入りせず、輪郭から天台仏教のいろいろな側面が見えるようにつとめました。

そのほかにも、精緻な教理論を展開する顕教《けんぎょう》、雄大な宇宙論的な密教、肯定的な現実認識から日本の文芸に大きな影響を与えた本覚論、環境問題に示唆を与える草木成仏説、時代意識と密接な浄土教、日本仏教の特質である神仏習合思想など、天台仏教の魅力を辿る道はたくさんあります。本書を足がかりに、頂上をめざす専門書などに親しむ機会を、ぜひとも持っていただきたいと思います。

なお本書では一部、「在家佛教」、「大法輪」、「別冊太陽」、「比叡山時報」などに掲載された原稿を、大幅な加筆修正をほどこして収録しました。関係の各位に御礼申し上げます。

最後に本書の刊行にさいし、春秋社社長の神田明氏、編集部の佐藤清靖氏、棟高光生氏、ほかの皆さまの激励とご尽力に深く感謝申し上げます。

八月十五日

杉谷義純

主要参考文献

日本仏教を築いた人びと　大正大学編、大正大学出版部
伝教大師の生涯と思想　木内尭央、春秋社
最澄　田村晃祐、筑摩書房
法華経と伝教大師　山田恵諦、第一書房
比叡山仏教の研究　武覚超、法蔵館
最澄百話　渡邊守順、東方出版
わが家の仏教天台宗　多田孝文編、四季社
慈覚大師　山田恵諦、天台宗
円仁　ひろさちや、天台宗布教師連盟
円仁　佐伯有清、吉川弘文館
入唐求法巡礼行記　足立喜六訳注・塩入良道補注、平凡社
慈覚大師研究　福井康順編、天台学会
円仁慈覚大師の足跡を訪ねて　阿南ヴァージニア史代、ランダムハウス講談社
台密の研究　三崎良周、創文社
台密思想形成の研究　水上文義、春秋社
最澄と天台仏教　読売新聞社
法華経の教え　大久保良順、春秋社

元三大師　山田恵諦、第一書房
元三慈慧大師の研究　叡山学院編、同朋社
良源　平林盛得、吉川弘文館
天台教学と本覚思想　大久保良峻、法蔵館
源信　速水侑、吉川弘文館
源信　小原仁、ミネルヴァ書房
浄土教の展開　石田瑞麿、春秋社
往生要集　石田瑞麿訳、吉川弘文館
恵心僧都全集　叡山学院編、比叡山圖書刊行所
浄土教教理史　石田充之、サーラ叢書
慈眼大師全集　寛永寺編、国書刊行会
神仏習合思想の研究　菅原信海、春秋社
天海・崇伝　圭室文雄編、吉川弘文館
もうひとつの徳川物語　浦井正明、誠文堂新光社
一隅を照らす　大久保良順、妙法院仏教文化講座たより

著者略歴◎**杉谷義純**（すぎたに　ぎじゅん）

1942年、東京に生まれる。

1966年、慶応大学法学部卒業。

1972年、大正大学大学院博士課程単位取得。

その後、寛永寺執事、比叡山宗教サミット事務局長、天台宗宗務総長、文科省宗教法人審議会委員、大正大学理事長などを歴任。現在、三十三間堂本坊妙法院門跡門主、天台宗宗機顧問会会長。

著書に『仏教から現代を問う』『はじめての法華経』（春秋社）、共著『生きる』（産経新聞社）、『仏教名句・名言集』（大法輪閣）など。

比叡山と天台のこころ

二〇〇九年九月三〇日　初　版第一刷発行
二〇二〇年四月　一　日　新装版第一刷発行

著　者　杉谷義純
発行者　神田　明
発行所　株式会社春秋社
東京都千代田区外神田二―一八―六（〒一〇一―〇〇二一）
電話〇三―三二五五―九六一一　振替〇〇一八〇―六―二四八六一
https://www.shunjusha.co.jp/
印刷所　信毎書籍印刷株式会社
製本所　ナショナル製本協同組合
装　丁　本田　進
定価はカバー等に表示してあります
2020 © ISBN 978-4-393-17167-7